イラスト&図解

# 知識 **ゼロ** でも 楽しく読める！

# 統計学の しくみ

東京大学
社会科学研究所教授
佐々木 彈

JN090812

01 02 03 04 05 06 07 ・・・・・ 98 99 100

西東社

# はじめに

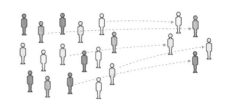

　皆さんは統計と聞いて、何を思い浮かべるでしょうか。統計とは何か、というと、大きく次の2つを指します。

　1つは、データを収集するための調査・観測、および得られたデータのことです。しかし、それ「だけ」が統計だと思い込むと、どうして統計が、何かと「確率」の話と関連して扱われるのか、理解に苦しむことでしょう。

　観測されたデータとは、「偶然」観察された値とか、「運よく」返ってきた回答とかのことです。多くの人、会社、地点、時点、個体、症例、状況…などの中から、たまたまデータとして抽出されたものの記録です。その「たまたま」は、いうまでもなく確率的なものです。運が悪ければ、偶然偏ったデータが抽出されてしまうこともあり得ます。そのような可能性がありつつも、偶然得られたデータから何がいえるか…を科学するのが統計学の目的なのです。これが、統計の2つ目の意味です。

　限られたデータを、「匠の技」なしにただ眺めているだけでは、その偶然得られたデータ以上のことはわかりません。いわば一を聞いて一を知るだけです。

　それならば、大量のデータを集めれば、それだけ多くのことを知

れるだろう、というのは一面の真理ではあります。ですが、国勢調査のように全員からデータを集めるのは膨大な手間と時間を要します。POSや交通系電子カードなどの取引記録、住基台帳や年金記録など、ほかの目的で収集されている膨大かつ詳細なデータも確かにありますが、個人情報や企業機密が多く含まれ、アクセス権が限定されざるをえません。十を知るのに十を聞こうとすれば、相応の費用も必要となるのです。

　では、一を聞いて十を知るにはどうするか。それは、比較的簡単に入手可能な限られたデータから、それがどう確率的に抽出されたかを理論化し、データの抽出元である全体像を適切に推測することで可能となります。

　これこそが統計学の「匠の技」です。

　その昔、「一流のシェフは一流の材料を選ぶ」というコマーシャルがありましたが、一流の材料は入手困難だし高価です。十を聞いて十を知るのと同じで、いわば金と物量をたのむやり方です。むしろ、限られた予算とありきたりの食材にもかかわらず、それを見違えるほど美味しく仕立て上げてこそ、余人と一線を画する「超」一流のシェフと呼べるでしょう。

　同じデータ、同じ情報を読んでいながら、ほかの人たちよりも多くの発見ができます。読者の皆さんにとって、本書がそんな統計の「匠の技」に少しでも触れるきっかけとなることを祈ってやみません。

東京大学
社会科学研究所 教授　佐々木彈

# もくじ

UP?
225社の株価の平均
DOWN?

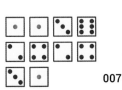

# 3章 もっと知りたい！ 統計学のあれこれ

# 1章

なるほど！ とわかる

# 統計学の
# しくみ

私たちの生活のいろいろな場面で、統計は活用されています。
どんな統計のしくみが、どのように使われているのか。
世論調査、台風の進路予測、視聴率調査など、
統計の活用例をのぞいてみましょう。

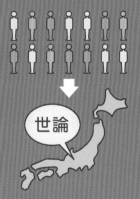

世論

# 01 [基礎] 統計ってどういうもの？ 何の役に立つの？

**なるほど！** 統計とは、データを集めて分析すること。
「**全体の把握**」と「**全体の推定**」がおもな役割！

　情報化社会といわれる現代。私たちの身近なところで統計が使われているといわれますが、そもそも**「統計」**とは何でしょうか？

　統計とは、**「統べて（多くのものを１つにまとめて）計る（調べる）」**という言葉で、たくさんのデータの傾向について、客観的に判断するための科学的な道具です。

　統計の役割はおもに２つです〔**図1**〕。１つ目は、**データを集めてその全体を客観的に把握すること**。ある学校の生徒の身長を集計すれば、そのデータから年齢別や性別の平均身長が計算でき、そこから「年齢ごとにどのくらいの身長になるのか？」など、集団の傾向を客観的に把握できます。このように、調べた数値から集団の性質や特徴を明らかにしていく統計を**「記述統計」**と呼びます。

　２つ目の役割は、**データを集めて全体を推定すること**。例えば、日本人の意識や考え方を調査する世論調査は、無作為に選ばれた一部の人の意見を調査することで世論を推定しています。全員に聞くことがむずかしく、把握しづらいデータの全体像を、一部のデータから推測する統計は、**「推測統計」**と呼ばれます。

　統計学とはこういった「記述統計」や「推測統計」などにより、ものごとの性質をとらえ、全体を推定する学問なのです〔**図2**〕。

# データを集めて把握・推定する

## ▶ 統計の役割とは？〔図1〕

統計とは、ものごとの性質をとらえ、全体を推定することである。

### ❶ 全体を把握する

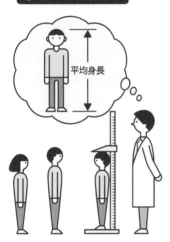

平均身長

データを集めて、表やグラフなどで
データの性質をまとめる。

記述統計 ➡ P12

### ❷ 全体を推定する

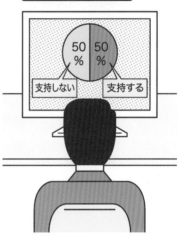

50% | 50%
支持しない | 支持する

標本データをもとに、母集団を推測
していく。

推測統計 ➡ P14

## ▶ 統計の分析のしかた〔図2〕 統計は次のように分析をする。

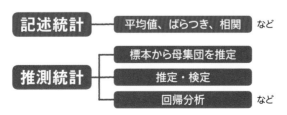

記述統計 —— 平均値、ばらつき、相関 など

推測統計 ——— 標本から母集団を推定
推定・検定
回帰分析 など

なるほど！とわかる 統計学のしくみ **1章**

# 02 [基礎] 統計で何がわかる？①「記述統計」のしくみ

**なるほど!** 表とグラフによる「データの見える化」で、平均、ばらつきなど、集団の性質がわかる！

　数値から集団の性質を明らかにする統計の手法「記述統計」。どのようなものなのか、もう少しくわしく見ていきましょう。

　**記述統計**では、学校のクラスのテストの点数や、〇〇市の１年間の気温や降水量…など、数値や文字によって表されるデータを集めます。集めたデータは、表に整理したり、グラフ化したりします。このとき、数値の大きい順や、年齢順など、意図をもって並べたり、グラフを使ってデータの性質や特徴がひと目でわかるように整理したりすることが大切です〔**図1**〕。

　こうして、表やグラフによって**「見える化」されたデータから、さまざまな性質や特徴を読み取って分析していく**ことが、記述統計の基本です。分析の代表的なものは「平均（➡P96）」と「ばらつき（➡P102）」です〔**図2**〕。

　例えば、あるクラスの男子生徒の**「平均」**身長がわかれば、ほかのクラスの平均身長と比較して、成長具合を判断できます。しかしこのとき、49 と51 の平均も、0 と100 の平均も、同じ「50」となってしまいますが、その内容は大きく異なりますよね。このように、平均を見るだけでなく、データ自体の**「ばらつき」**を見てとることも、記述統計においては重要なのです。

# 記述統計で集団の性質がわかる

## ▶ データを見える化する〔図1〕

### ❶ データを集めて表にする

宇都宮市がどんな気候なのか知るためには、まず気温と降水量のデータを集める。

#### 2019年宇都宮市の気温・降水量

|  | 1月 | 2月 | 3月 | 4月 | 5月 | 6月 | 7月 | 8月 | 9月 | 10月 | 11月 | 12月 |
|---|---|---|---|---|---|---|---|---|---|---|---|---|
| 気温 (℃) | 3.0 | 4.9 | 8.6 | 12.1 | 19.3 | 20.9 | 23.7 | 27.4 | 23.9 | 18.3 | 11.0 | 6.0 |
| 降水量 (mm) | 4.0 | 28.5 | 83.0 | 117.5 | 158.0 | 288.5 | 186.0 | 209.5 | 156.0 | 520.5 | 91.5 | 24.5 |

### ❷ 表をグラフ化する

グラフにすることで、宇都宮市の気温の傾向や雨の降りやすい月がひと目で把握できる。

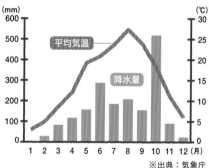

※出典：気象庁

## ▶ グラフでわかる「平均」や「ばらつき」〔図2〕

グラフを見れば、平均やばらつきなどでその集団の特徴がひと目でわかる。

ばらつき・分散 ➡ P102

平均 ➡ P96

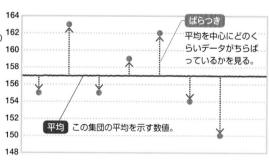

ばらつき
平均を中心にどのくらいデータがちらばっているかを見る。

平均 この集団の平均を示す数値。

なるほど！とわかる 統計学のしくみ **1章**

# 03
[基礎]

# 統計で何がわかる？②
# 「推測統計」のしくみ

**一部の情報**から**全体を推定**！
**標本サイズ**は**驚くほど小さくて大丈夫**！

　ある集団の一部のデータを集めて、集団全体を推定する統計を**「推測統計」**といいます。

　例えば「内閣を支持するかしないか」など、有権者の意見（世論）を調べるとき、どういった方法があるでしょうか？　日本に住む有権者約1億人に、意見を尋ねまわることは可能かもしれませんが、現実的ではありません。

　このような世論調査では、一部の人（標本）の意見を聞いて集計し、それを日本人全体（母集団）の意見として推定し、世論として発表しているのです。**推測統計とは、一部から全体の性質を調べる手段**なのです。このような調査は**標本調査**と呼ばれます〔**右図**〕。

　データの抜き出しを**「抽出」**、抽出したデータを**「標本」**といい、その標本を使って**「母集団」**と呼ばれる全体を推定します。このとき、抽出する標本サイズ（1回の抽出で調べた個体の数）は、驚くほど少ない数で調べています。

　上述した世論調査では、日本に住む有権者約1億人の意見を数千人ほどの標本サイズで推定します。視聴率調査でも、関東地方の約1,800万世帯の視聴率は、2,700世帯を調査することで推定するのです（➡P18）。

# 推測統計は一部から全体を推定すること

## ▶ 一部のデータから全体を推測する標本調査〔図1〕

調べたい集団から一部のデータを抽出することで、全体の規模を推定できる（➡ P108）。

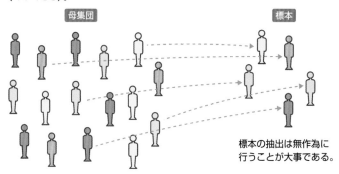

母集団　　標本

標本の抽出は無作為に
行うことが大事である。

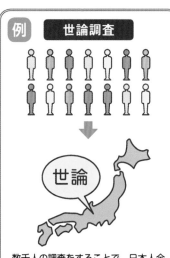

例　世論調査

世論

数千人の調査をすることで、日本人全体の世論を推定することができる。

例　視聴率の測定

視聴率20%

一部の家庭のテレビをモニターすることで、視聴率を測定できる。

明日
話したくなる

# 統計
の話 1

# 「お客様の中にお医者

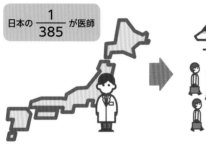

**❶ 医師は
1人当たり何人いる?**

日本の人口と医師の数から、1人当たりの医師の人数を割り出す。

日本の $\frac{1}{385}$ が医師

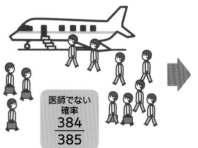

**❷ 誰も医師ではない
乗客の確率を計算**

飛行機に搭乗する乗客が、誰も医師ではない場合の確率を先に計算する。

医師でない
確率
$\frac{384}{385}$

　飛行機などで急病人が出たときに、「お客様の中にお医者様はいらっしゃいませんか?」というアナウンスが流れることがあります。「ドクターコール」と呼ばれるもので、ドラマなどで見たことがある人もいるかと思いますが、実際、お医者さんが乗っている確率はどれくらいなのでしょうか?　ここでは、国内線に限ります。

　ここで考えるのは、**飛行機の乗客に1人以上医師がいる確率**です。医師の数は厚生労働省が統計をとっており、総数は32万7,210人[※]です。同時期の統計で、日本の人口は1億2,644万3,000人だったので、およそ385人に1人が医師ということになります。

　つまり日本人からランダムに1人選んだ際、385分の1の確率でその人は医師なのです。

※出典：厚生労働省「平成30年医師・歯科医師・薬剤師統計の概況」

# 様がいる」確率は？

### ③ 飛行機に医師のいない確率は？

飛行機の乗客のうち、誰も医師ではない確率を先に計算する。

$$\left(\frac{384}{385}\right)^{250} = 約52\%$$

### ④ 飛行機に医師がいる確率は？

最後に、飛行機の乗客のうち、1人は医師がいる確率を割り出す。

100% − 52%
= 約48% の確率で医師がいる

　さて、ここで逆から考えましょう。**「飛行機の乗客のうち、誰も医師ではない確率」**を先に求めてしまうのです。

　飛行機の定員を250人とします。まず、385分の384の確率で医師ではないAさんが搭乗し、続いて385分の384の確率で医師ではないBさんが乗って…と計算していきます。このとき、「AさんとBさんがともに医師ではないという確率」は、AさんとBさんの確率を掛け合わせることで計算されます。

　このように、385分の384の確率を定員の250人分掛け合わせていくと、「飛行機の乗客のうち、誰も医師ではない確率」はおよそ52%。100%からこれを引いた**48%が「定員250人の飛行機の乗客に1人以上医師がいる確率」**と計算できるのです。

なるほど！とわかる　統計学のしくみ **1章**

# テレビの視聴率は
# どうやってとっている?

なるほど!

推測統計の「**標本調査**」を使って、
**調査世帯の協力**で測定している!

　身近な統計のひとつとして、テレビの視聴率がありますね。どんなやり方で、視聴率は調べられているのでしょうか?

　**視聴率とは、テレビをもつ家庭のうち、何%がある番組を見たのかを表す指標**です。視聴率の調査では、国勢調査の世帯数データをもとにしています。エリアごとに分けて、偏りが出ないよう調査世帯を無作為に選び出します。

　この調査世帯に専用の機械を取り付けて、その世帯が視聴した番組を秒単位で自動測定・集計し、その割合を視聴率として出しているのです。関東地区の場合、約1,800万世帯(母集団)から2,700世帯(標本)を抽出して、視聴率を調査しています。こんなに少ない調査世帯で全体の視聴率が調べられるのかと驚きますが、**「標本調査**(➡P108)**」**のしくみから、集団の性質が推測できるのです。

　視聴率は標本調査によって推測した数値になるので、調査世帯の数(標本数)に応じて数値に誤差が生じます。関東地区約1,800万世帯(母集団)の世帯視聴率が20%と出た場合、調査した世帯数(標本)は2,700世帯ですので、±1.5%の**統計上の誤差**が生じます。ですので、真の世帯視聴率は「20%±1.5%」または「18.5〜21.5%の間」と読むのが正しくなります。

# 視聴率の数値には誤差がある

## ▶視聴率調査のしくみ

視聴率は、関東、関西、名古屋、九州北部、札幌など32地区にエリア分けして、調査世帯を抽出。標本調査という方法で視聴率を調査している。

### 関東地区の総世帯数(母集団)
約1,800万世帯

**無作為抽出**

### 関東地区視聴率の調査世帯数(標本)
2,700世帯

**①** 国勢調査のデータをもとに、無作為抽出で調査世帯を抽出する。

**②** 調査世帯2,700世帯に機械を取り付け、視聴率を測定、記録。

例えば
### 19時のニュース番組を視聴した世帯数
調査世帯2,700世帯中540世帯=20%

右の式から
統計上の誤差=±1.5%
と求められる
信頼度95%の場合 → P118

**誤差の求め方**

$$誤差 = \pm 1.96 \sqrt{\frac{世帯視聴率(100-世帯視聴率)}{標本数}}$$

$$= \pm 1.96 \sqrt{\frac{20(100-20)}{2700}} = \boxed{\pm 1.5}$$

### 世帯視聴率を推定
20%(±1.5%) または 18.5～21.5%

※株式会社ビデオリサーチのホームページを参考に作成。

なるほど! とわかる 統計学のしくみ **1**章

# 05 台風の丸い円は どうやってつくっている?

[活用例]

**なるほど!** 丸い円=予報円は、台風の中心が
70%の確率で入る範囲のこと!

　台風の進路予報にも、実は統計学が使われています。

　気象庁では、5日先までの台風の進路予報を発表しています。白い点線は**「予報円」**と呼ばれ、**その台風の中心が70%の確率で入ると予想される範囲**を表しています〔**図1**〕。これは、**区間推定**（➡P118）のひとつの例です。また、予報円が次第に大きくなるのは、台風が大きくなるわけではなく、**未来の予報ほど、中心位置の誤差が大きくなるため、予報円の大きさも広がる**のです。

　かつて予報円は、過去5年間の台風予報をもとに統計的に算出されていました。しかし現在は、天気予報でも用いられる**「数値予報モデル」**から求められた気象庁の台風進路と、海外の気象局による進路予報も加えた複数の予報を集合させ、精度を上げています〔**図2**〕。

　もちろん複数の予報値があれば、進路予報はばらつきます。予報のばらつき具合が小さい場合は予報円が小さくなり、進路予報の確度は高くなります。逆にばらつき具合が大きい場合は予報円が大きくなり、確度は低くなります。

　ちなみに気象庁は、実際の中心位置と予報との誤差を公表しており、2019年の24時間予報の年平均誤差は約80km、5日先だと約370kmとなっています。未来の予想はむずかしいようです。

# 複数の進路予報から予報円をつくる

## ▶台風の予報円 〔図1〕

台風の進路予測は、白い点線による予報円で表される。気象庁は5日先までの進路を発表している。

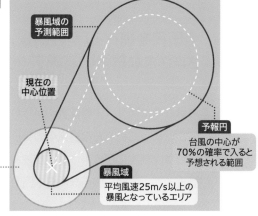

暴風域の予測範囲

現在の中心位置

予報円
台風の中心が70%の確率で入ると予想される範囲

強風域
平均風速15m/s以上の強風となっているエリア

暴風域
平均風速25m/s以上の暴風となっているエリア

## ▶台風の進路予報 〔図2〕

気象庁をはじめとした気象局の台風進路予報を集め、中心位置が70%の確率で入る範囲で予報円を決めている。予報円の大きさは、予報のばらつき具合によって決まる。

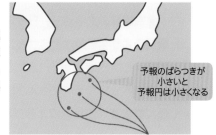

予報のばらつきが小さいと予報円は小さくなる

### 用語Column

【数値予報モデル】とは?

大気の運動と変化を、物理法則に基づいてコンピュータで計算。観測された現在の大気の状態から、1分後、1時間後、1日後と少しずつ未来の大気の動きを予測する方法。

予報のばらつきが大きいと予報円は大きくなる

# 「国勢調査」は どんな統計の調査?

**なるほど!** 全国民を調べる「**全数調査**」は、 さまざまな**統計の基準データ**になる!

　日本では5年に1度「国勢調査」が行われます。これも統計のひとつですが、いったいどんな調査なのでしょうか?

　国勢調査は、日本にどのような人が住んでいるのかを明らかにする人口調査です。国籍に関係なく日本国内に3か月以上住んでいる人(住む予定の人)すべてが調査対象となる**「全数調査」**〔**図1**〕で、回答を法律で義務づけるほど国や自治体は重要視しています。

　**全数調査の文字通り、日本に住んでいる全員を調べるため、標本調査のような誤差は出ません**。性別、年齢、職業、家族構成、居住期間などがきっちりデータ化されます。

　きっちりしたデータゆえ、**法律制定や行政サービスの根拠として使われます**(法定人口と呼びます)。例えば、地方に住む人々への行政サービスに必要な経費の算定(地方交付税の算定)や、選挙の1票の価値を公平にする判断(国会の小選挙区の区割りや議席数の算定)など、直接国民の生活に影響するデータといえます。

　また、**国勢調査はほかの統計の基準となります**。現在の人口と将来の人口を推計する人口ピラミッド〔**図2**〕がつくられたり、視聴率調査など民間が行う標本調査(➡P108)で、母集団の基準となるのも国勢調査の人口統計です(ベンチマークと呼びます)。

# 国勢調査は5年に1度の全数調査

## ▶ 全数調査と標本調査の違い〔図1〕

全数調査は、対象となる集団をすべて調べる調査。標本調査のように推測する過程がないため、偏りや誤差は出ない。

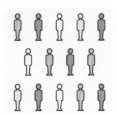

**全数調査**

母集団が大きい場合、調査に時間と費用がかかる。

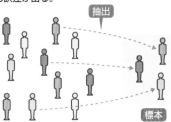

**標本調査**

全数調査に比べて時間と費用は減らせるが、どうしても誤差が出る。

抽出

標本

## ▶ 国勢調査でつくる人口ピラミッド〔図2〕

国勢調査から、生まれた年代順の人口ピラミッドが作成できる。

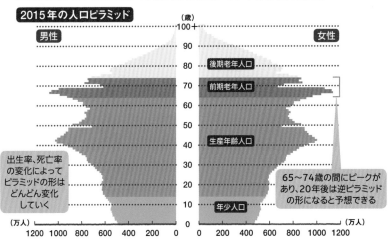

**2015年の人口ピラミッド**

男性　女性

（歳）
100＋
90
80　後期老年人口
70　前期老年人口
60
50
40　生産年齢人口
30
20
10　年少人口
0

出生率、死亡率の変化によってピラミッドの形はどんどん変化していく

65～74歳の間にピークがあり、20年後は逆ピラミッドの形になると予想できる

（万人）1200 1000 800 600 400 200 0　　0 200 400 600 800 1000 1200（万人）

※「日本の将来推計人口（平成29年推計）」（国立社会保障・人口問題研究所）を加工して作成。

なるほど! とわかる　統計学のしくみ　**1章**

# 07 [活用例] 日経平均などの株価では どんな統計が使われる?

なるほど! 日経平均は「単純(非加重)平均」をベースに。TOPIXは「加重平均」で計算されている!

　株価の指数として目にする日経平均株価とTOPIX(東証株価指数)。ここには、統計学の**「平均」**の計算が使われています。

　日経平均株価とは、東証一部上場企業225銘柄の株価の平均値のこと。昔は株価合計を銘柄数で割った「単純(非加重)平均」(➡P96)だったのですが、それでは銘柄の入れ替えや株式分割といった株価の変動でも平均株価が変化してしまい、売買における株価の値動きを正しくとらえられませんでした。そのために現在は市況変動以外の値動きを取り除くため、**単純平均をベースに、より複雑な計算式で割り出されています**〔**図1**〕。これにより、値嵩株(1株の価格が高いもの)の変動に、指数は大きく影響されます。その影響度は、企業ごとに振られる「構成寄与度」で判断できます。

　単純平均ではなく「加重平均」(➡P96)を用いれば、値嵩株の影響を受けないようにできます。加重平均とは、**各項目の違いを考慮して、「重み」を加えてから平均値を求めるもの**。TOPIXはそんな加重平均の考え方を用いて計算される株価指数です。TOPIXは東証一部の上場企業すべてを対象とするため、企業の規模もさまざま。そこで各企業の時価総額で「重み付け」してから計算することで、値嵩株の影響を抑えているのです〔**図2**〕。

# 市場の株価の値動きは「平均」で表される

## ▶日経平均株価は単純平均をベースに計算〔図1〕

日経平均株価は、東証一部上場企業から225社を選び、その平均を指標とし、単純平均をベースに複雑な計算式で算出されている。

225社の株価の平均

UP?
DOWN?

**日経平均株価の計算式**　かつてはこの計算式だった

$$単純平均株価 = \frac{採用銘柄株価合計}{採用銘柄数}$$

単純平均では、銘柄の入れ替え、株式分割などでも平均株価が変わるため、現在は相場の変動のみ反映できる計算法に変更。

## ▶TOPIXは加重平均で計算〔図2〕

約2,000社の時価総額

UP?
DOWN?

1968年の時価総額を100として、それを基準に時価総額の変動を指数化している。

| 会社名 | 株式数 | 株価 | 時価総額 |
|---|---|---|---|
| A社 | 1,500,000株 | 300円 | ¥450,000,000 |
| B社 | 1,000,000株 | 500円 | ¥500,000,000 |
| C社 | 700,000株 | 900円 | ¥630,000,000 |

時価総額が加重平均における「重み」

**TOPIXの計算式**

$$TOPIX = \frac{現在の東証一部の全銘柄の時価総額（A社＋B社＋…）}{8兆6,020億5,695万1,154円（1968年の時価総額）} \times 100$$

# 08 GDPや経済成長率って何を計算して、何を表す？
[活用例]

**なるほど！** GDPは一定期間に国内で生み出した**富の総額**。
経済成長率は**GDPの増減**を表す！

よく新聞などで見るGDP（国内総生産）や経済成長率も統計の
ひとつです。どういうしくみのものなのでしょうか？

**GDPとは、「日本国内で生み出された富」の合計額**。家計の消費、
企業の投資、輸出などの富から、輸入額を引いて計算します〔**右図**
上〕。国内の経済状況を表す指標で、3か月ごとに発表されます。
GDPは世界の国々でも集計しているので、世界各国との国力の比
較に用いられたりするのです。

**経済成長率は、GDPが3か月ごと、または年間どのくらい増減
したかをパーセントで示す指標のこと**。GDPも経済成長率も、ど
ちらも「時系列グラフ」にして数値の変化で景気の動向を判断しま
す。経済成長率は期間を区切って平均伸び率（平均成長率）を見る
ことがあります〔**右図**下〕。平均してどれくらい成長しているのか
を見ることで、過去の景気動向がよくわかるからです。

**成長率のような「掛け算で変化していく」変化率の平均を求める
ときは、「幾何平均（➡P97）」という手法を使います**。ちなみに、
足した数で割る普通の平均は「算術平均」といいますが、成長率を
算術平均で求めると平均の値がおかしくなってしまうので、幾何平
均で求めるのです。

# 経済成長率はGDPから求められる

## ▶ GDPのしくみ

GDPは、日本国内の経済の動向を把握する数値。国内で生み出された富の総額。

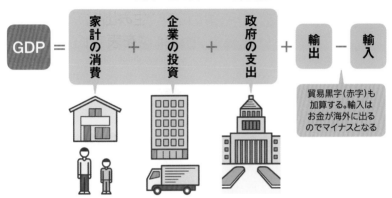

$$GDP = 家計の消費 + 企業の投資 + 政府の支出 + 輸出 - 輸入$$

貿易黒字(赤字)も加算する。輸入はお金が海外に出るのでマイナスとなる

### GDPと経済成長率の時系列グラフ

経済成長率の時系列グラフでは、当時何が原因で数値が増減したのかを、知ることもできる。

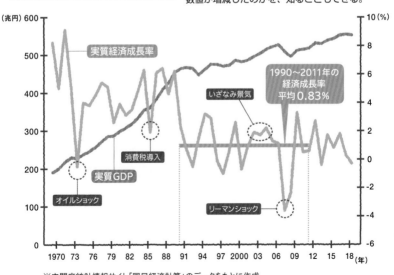

(兆円)

実質経済成長率

実質GDP

消費税導入

オイルショック

いざなみ景気

1990〜2011年の経済成長率平均0.83%

リーマンショック

1970 73 76 79 82 85 88 91 94 97 2000 03 06 09 12 15 18 (年)

※内閣府統計情報サイト「国民経済計算」のデータをもとに作成。

# よく聞く「所得格差」も
# 統計で出している?

なるほど！

「ジニ係数」で所得の不平等を判断。
「所得再分配調査」で格差を判定している！

ニュースなどでよく聞く**「所得格差」**。どういった計算で出しているものなのでしょうか？

国は、**貧富の格差が広がらないように、富裕層に税金が多くかかるようにするなどして、所得の再分配**を行っています。そして、厚生労働省は３年に１度「所得再分配調査」を行っています。

その調査で、**所得の格差を「ジニ係数」という数値で表します**。ジニ係数は、偏りや不均等さを確かめるローレンツ曲線から求められ、０に近いほど格差は小さく、１に近いほど格差が大きいと示されます。ちなみにジニ係数は、イタリアの経済学者ジニが、所得の不平等を表すために発明したものです。

所得の再分配は、所得の大きいところに税負担を課し、その税金で所得の小さいところの社会保障をまかなうというしくみ。所得再分配調査ではそれを踏まえて、**再分配前の所得をもとにしたデータ（当初所得）と、社会保障を分配後の所得（再分配所得）と、２つのジニ係数を割り出して確認**しています。

この２つの数値を、グラフにします。所得を再分配することで、ジニ係数の数値は普通は下がります。再分配所得が横ばいであれば、通年での所得格差は広がっていないと判断されます。

# ジニ係数で国民の貧富の格差を判断

## ▶ジニ係数と所得再分配調査

格差の大小を示すジニ係数は、ローレンツ曲線というグラフから求める。

### ❶データからローレンツ曲線を求める

当初所得の場合

| 所得階級 | 世帯数 |
|---|---|
| 50万円未満 | 1142世帯 |
| 50～100 | 265世帯 |
| 100～150 | 228世帯 |
| 150～200 | 198世帯 |
| 200～250 | 215世帯 |
| 250～300 | 182世帯 |
| 300～350 | 182世帯 |
| 350～400 | 158世帯 |
| ⋮ | ⋮ |
| 1000万円以上 | 470世帯 |

左の所得金額別に見た世帯数のデータなどをもとに、「所得額累積比」と「世帯数累積比」を割り出し、ローレンツ曲線とジニ係数を求める。調査では「当初所得」と「再分配所得」の2つのジニ係数を求める。

### 用語Column

#### 累積比とは？

世帯数や所得金額を累積させ、それを世帯数合計や所得合計で割ったもの。各項目のデータが全体のどのくらいの割合かがわかる。

#### ローレンツ曲線とは？

分配が均等か不均等かを判断できる曲線。完全に均等なら「均等分配線」を描き、不均等なほど弓なりに均等分配線から遠ざかる。

Aの面積の「均等分配線」より下の直角三角形に対する割合がジニ係数

均等分配線（全世帯の所得が等しい場合の線）

累積所得額比（%）

A

再分配所得

当初所得

不均等なほど弓なりになる！

世帯数累積比（%）

### ❷ジニ係数で分析

3年ごとにジニ係数を調査し、所得格差がどう動いているのかを確認。国は再分配所得が横ばいなら、再分配政策は機能していると判断する。

（ジニ係数）

当初所得
0.526　0.532　0.554　0.570　0.559

再分配所得
0.387　0.376　0.379　0.376　0.372

2005　2008　2011　2014　2017（年）

※厚生労働省
「平成29年所得再分配調査報告書」より作成。

# 数字が現れる頻度には 統計的な法則がある?

〔図1〕

(%)

| 先頭の数字 | 1 | 2 | 3 | 4 | 5 | 6 | 7 | 8 | 9 |
|---|---|---|---|---|---|---|---|---|---|
| 川の流域面積 | 31 | 16.4 | 10.7 | 11.3 | 7.2 | 8.6 | 5.5 | 4.2 | 5.1 |
| 人口 | 33.9 | 20.4 | 14.2 | 8.1 | 7.2 | 6.2 | 4.1 | 3.7 | 2.2 |
| 新聞記事に出る数字 | 30 | 18 | 12 | 10 | 8 | 6 | 6 | 5 | 5 |

　私たちの身の回りには、たくさんの数字が見られます。新聞を読んでもネット記事を見ても数字は必ず登場しますし、株価、人口統計、公共料金の請求書、川の面積…など、数字のデータがあふれています。その中で1～9までの数字それぞれが先頭で登場する頻度〔**図1**〕に、実は統計学的なある法則があるのです。

　天文学者のニューカムは、**1～9の数字は同じ頻度では出てこず、最初の桁の数字は小さな数字の方が大きな数字より出現しやすい**、ということに気づきました。それを2万ものサンプルを調べて、法則として提唱したのが、物理学者のベンフォードです。

　彼は、川の流域面積、人口、新聞記事に出る数字などを調べました。そして、**数値データの先頭の数字は、1の出現頻度がいちばん**

**高く、9の出現頻度がいちばん低い**ことを突き止めたのです〔**図2**〕。

これは「ベンフォードの法則」と呼ばれます。

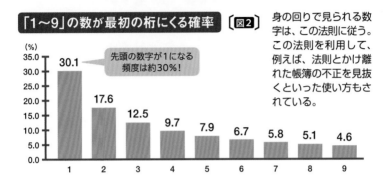

「1~9」の数が最初の桁にくる確率 〔**図2**〕

(%)
35.0
30.0 — 30.1　先頭の数字が1になる頻度は約30%！
25.0
20.0 — 17.6
15.0 — 12.5
10.0 — 9.7　7.9
5.0 — 6.7　5.8　5.1　4.6
0.0
1　2　3　4　5　6　7　8　9

身の回りで見られる数字は、この法則に従う。この法則を利用して、例えば、法則とかけ離れた帳簿の不正を見抜くといった使い方もされている。

　なぜ先頭の数字が1の発生頻度が高く9が低いのかは、むずかしい数式になりますが、常用対数（10を底とする対数）を用いれば確かめられます〔**図3**〕。ちなみに下の数式からは、先頭の数字が「1」の出現頻度は、「5」～「9」の5つの数字の頻度を全部合わせた数値と同じという関係性もわかるそうです。

**先頭の数字の出現頻度の求め方** 〔**図3**〕 　$(\because \log 1 = 0)$

| | | | | |
|---|---|---|---|---|
| 「1」の場合＝$\log 2$ － $\log 1$ ＝ $\log 2 = 0.301$ (30.1%) | | | | |
| 「2」の場合＝$\log 3$ － $\log 2$ ＝ $0.477 - 0.301$ ＝ $0.176$ (17.6%) | | | | |
| 「3」の場合＝$\log 4$ － $\log 3$ ＝ $0.602 - 0.477$ ＝ $0.125$ (12.5%) | | | | |
| 「4」の場合＝$\log 5$ － $\log 4$ ＝ $0.699 - 0.602$ ＝ $0.097$ (9.7%) | | | | |
| 「5」の場合＝$\log 6$ － $\log 5$ ＝ $0.778 - 0.699$ ＝ $0.079$ (7.9%) | | | | |
| 「6」の場合＝$\log 7$ － $\log 6$ ＝ $0.845 - 0.778$ ＝ $0.067$ (6.7%) | | | | |
| 「7」の場合＝$\log 8$ － $\log 7$ ＝ $0.903 - 0.845$ ＝ $0.058$ (5.8%) | | | | |
| 「8」の場合＝$\log 9$ － $\log 8$ ＝ $0.954 - 0.903$ ＝ $0.051$ (5.1%) | | | | |
| 「9」の場合＝$\log 10$ － $\log 9$ ＝ $1 - 0.954$ ＝ $0.046$ (4.6%) | | | | |

なるほど！ とわかる　統計学のしくみ **1**章

# 10
[活用例]

# 天気予報も統計学？
# 降水確率のしくみ

膨大な**過去の気象データ**と比較して計算。
**100回中40回**雨が降れば「**降水確率40%**」！

　天気予報では、明日雨が降るかどうかは、〇〇％など確率で示されます。これも統計が関係するのでしょうか？

　計算のしくみは、以下のようになります。①全国を細かく区割りする　②区割りごとに温度、湿度、気圧、風力などの気象データを測定する　③過去の気象データから、対象日の気象データと似たパターンを抽出　④例えば、そのパターンで過去100回中40回雨が降っていたら、「降水確率40％」と発表する〔**右図**〕。

　つまり、**降水確率とは、過去の膨大な気象データをもとに、同じ状況下で雨になったケースを数値化し、未来の降水量を予測するしくみ**なのです。降水確率40％という予報は、「過去に似た気象状況下で100回中40回は雨が降った（60回は雨が降らなかった）」と、統計的な観点での予測を表しているのです。

　ちなみに、**0％予報でも雨が降り得ます**。なぜでしょうか？

　それは、1の位は四捨五入されるため、降水確率が0％（実際は5％未満）でも雨は降らないとはいえないからです。また、過去と同様の気象下で降水の前例がなくても、今日明日が史上初の例になることは理論上あり得るからです。ちなみに気象庁は、「予報期間中に1mm以上の雨が降った」場合を、「降水があった」としています。

# 過去の気象データと比較して予想

## ▶ 降水確率のしくみ

### ❶ エリアを区割り化

全国を区割りし、アメダスなどで温度、湿度、気圧、風力などの気象データを測定。

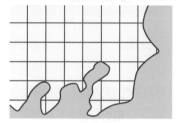

### ❷ 対象日の気象データを予測

各種観測データを分析して、対象日の大気の状況を予測（天気図を作成）。

### ❸ 過去のデータより似たものを抽出

対象日の大気の状況と似た配置となる天気図を、過去のデータより抽出。

明日の天気図

よく似た過去の天気図と比べる

●●年●月●日　晴れ　　▲▲年▲月▲日　雨　　■■年■月■日　雨

### ❹ 降水確率を発表

過去のデータで100回中40回が雨ならば、降水確率は40％とする。

過去60回は晴れ　　過去40回は雨

統計的にいうと…

降水確率40％とは、ある地域で1mm以上の雨が降ると100回予報を出した場合、40回前後は雨が降ることが予想されるということ。

なるほど！とわかる　統計学のしくみ　**1章**

# 11
[活用例]

# 内閣の支持率調査ってどういうしくみ?

**なるほど!** 標本調査による世論調査のひとつ。
ランダムに調査対象を選ぶことが重要!

新聞やテレビで見る内閣支持率。これは、どうやって求めているのでしょうか?

**内閣支持率は、報道機関が行う世論調査のひとつ**。世論調査は、統計学の**標本調査**(➡P108)というしくみを使って、世間の意見を調査するものです。調査では、標本が偏らずにきちんと母集団の縮図になるように、標本を無作為に選出することが、調査の重要な根拠になります。

世論調査では、**日本に住む有権者約1億人から数千人をランダムで選ぶ**ところからはじめます。例えば新聞社では、コンピュータでランダムに組み合わせた番号をつくり、そこに電話をかける方式で回答者を抽出します。このとき、1度回答者に選んだ人は、なるべく途中で変更しないようにします。そして回答者の同意を得たのち、質問を行います。質問の文言も順番も、すべての回答者に対して同じもので行います。順番を変えると、回答が左右されることもあるからです。

近年は固定電話の利用も減っていることから、**ネットでの世論調査**も行われます。しかし、ネットでは回答者から無作為抽出で母集団の縮図を作るしくみづくりがむずかしく、研究が進められています。

# 標本調査で世論を推定する

## ▶ 世論調査のしくみ

調査結果が世論の意見と推測できるよう、回答者はランダムで選ばれる。

### ❶ 回答者をランダムに選ぶ

マスコミはRDD（ランダム・デジット・ダイヤリング）方式で、電話を持つ回答者の抽出を行う。

有権者は
約1億658万人
（2019年1月1日現在）

総務省が公開する稼働中の電話番号リストをもとに、回答対象の有権者の電話番号を無作為抽出する

⬇

報道機関によってRDD方式のやり方は異なるが、乱数を用いて、だいたいは約2,000個程度の電話番号を抽出する

### ❷ 電話をかける

調査に使う番号に、次々と電話をかける。固定電話では、家族がいるならまず人数を聞き、ランダムでそのうち1人を回答者に選ぶ。

固定電話番号
約1,000個

携帯電話番号
約1,000個

➡ ランダムに電話し回答を得る

### ❸ 質問を行う

Q1 現在の内閣を支持しますか、支持しませんか。

Q2 それはどうしてですか。 — 質問の順番は変えない！

### ❹ 内閣支持率調査を集計

Q1 をあいまいに答えた回答者を「無回答」にする場合と、「気持ちに近いのは？」と重ね聞きする場合で数値はぶれる。

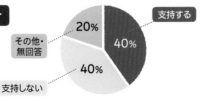

支持する 40%
その他・無回答 20%
支持しない 40%

なるほど！とわかる 統計学のしくみ **1章**

# 12 [活用例] 選挙の「当選確実」はどうやって出す？

**なるほど！** 事前調査と出口調査で得票数を推定。
次点との差が開いていた場合、当確を出す！

選挙結果を扱うテレビの番組では、投票終了直後＝番組開始時に「当選確実」の候補者が報道されることがほとんどです。なぜ投票が終わったばかりなのに、当選確実といえるのでしょうか？

多くの報道機関では、**事前の取材**と**出口調査**の情報を分析して、候補者の当落を判断しています。事前取材では、過去の選挙結果、年代別の投票率、候補者の地盤（一定の支持者を持つ地域）などを調べて、各候補者の得票数の予測を立てます（基礎票と呼びます）。

出口調査では、**標本調査**のしくみを用います。投票所に投票に来た有権者から、どの候補者に投票したか聞き取り調査をします。**出口調査の回答者を標本、実際に投票した有権者を母集団として、投票結果を推定**するのです。

出口調査は、すべての投票所で行うわけでなく、過去の投票行動から調査地を絞り込みます。聞き取り調査をする際は年齢層も重要です。過去の年代別投票率を参考に各世代にバランスよく聞き取り、標本が母集団の縮図となるよう調整を行います。

最後に基礎票と出口調査の結果から予想得票数を推定し、**1位と次点の間にある程度の差が開き、間違いなく逆転しないと判断された場合**、番組開始前でも1位の候補者に当選確実が出せるのです。

# 事前調査から予想得票数を求める

## ▶ 当選確実が出るまで

### ❶ 事前調査

選挙前に前回の選挙結果や、立候補者のそれぞれの地盤を調べるなどして、各候補者の得票数の予測を立てる。

### ❷ 期日前投票の出口調査

期日前投票所に来た有権者に、どの候補者に投票したのか、聞き取り調査を行う。調査の日時や投票所の場所で偏りが出ないように考慮する。

### ❸ 選挙当日の調査

投票日当日、投票所に来た有権者に聞き取り調査を行う。出口調査の結果は適時集計され、基礎票と出口調査から予想得票数を推定する。

●●太郎
㊥10,000票

▲▲次郎
㊥3,000票

選挙結果
（母集団）を
推定する

### ❹ 当選確実を付ける

事前調査や経験的事実から、1位と次点の得票数が逆転しないと判断できた候補者に当選確実を出す（報道機関によってその判断は異なる）。

1位と2位が
大差と予想

●●太郎
当選確実

037

なるほど！とわかる 統計学のしくみ **1章**

# 13
[活用例]

# どういう違いがある?
# 世論調査と街頭アンケート

 **なるほど!** 世論調査は**世間一般の意識調査**で、
街頭アンケートは**定点観測**という違い!

　よくニュースなどで見る世論調査や街頭アンケート。両者には、どのような違いがあるのでしょうか?

　**世論調査とは、世間一般の人々の意識を調査すること**で、日本に住む人々の政治や社会問題に関する意見や動向を調べます〔**図1**〕。例えば、内閣支持率(➡P34)などがこれに当たりますね。

　一方の街頭アンケートは、街頭に行きかうたくさんの人に同じ質問を出して回答を求めるもの。つまり**定点観測**のひとつになります。**その街を利用する人々の意見や動向を知るための調査**です。

　世論調査では「標本調査」を行います。大事なのは標本が偏らないように、質問者は無作為(ランダム)に抽出すること。そうでないと、日本に住む人々の意識の把握につながらないためです。ですので、「夜9時のターミナル駅に行きかう人々」を標本にしたとすると、それは**日本国民という母集団の縮図にはならない**ので、世論調査にはなりえません。

　逆に、街頭アンケートでは、「夜9時のターミナル駅に行きかう人々の好きなもの」など、ピンポイントなターゲットの情報収集こそが目的となります。**特定の集団の意識を、手軽に素早く調査するときに有用な手法**なのです〔**図2**〕。

# 街頭アンケートでは世論調査にならない

## ▶ 世論調査とは？〔図1〕

世間一般の人が、社会問題などにどのような意見をもつかを調べる調査。
回答者が母集団の縮図＝世論となるように、無作為で標本を選ぶのが大事。

**1 回答者の声を聞く**

統計理論に基づいた標本サイズで、無作為抽出された国民の声を集める。

**2 調査結果を集計**

調査結果を集計して、表やグラフにまとめて公表する。

**3 国民の意見を推測**

統計的に回答者は母集団の縮図とみなせるので、世論として扱うことができる。

世論調査
1月の景気は？

よい … 70%

悪い … 30%

RDDで調査

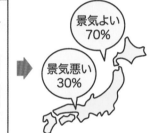

景気よい
70%

景気悪い
30%

## ▶ 街頭アンケートとは？〔図2〕

街に行きかう人々に質問をして調べる調査法。特定の集団の意識などを調べるときに使う。

●●●駅

### 街頭アンケートが世論調査にならないのはどうして？

例えば、駅前など特定の地点でアンケートを取っても、回答者は勤め人や旅行者などに偏り、駅に行かない人の意見は反映されない。世論（母集団）の縮図とするには不十分な標本となってしまうため。

なるほど！とわかる 統計学のしくみ **1章**

# 世論調査は間違える？アメリカ選挙での失敗例

**なるほど！** 標本抽出の数が多くても、**対象が偏る**と調査は間違えやすい！

38ページで扱った世論調査ですが、間違えることもあります。ここではアメリカ大統領選挙での**世論調査の失敗例**を紹介します。

1936年のアメリカ大統領選挙で、雑誌「リテラリー・ダイジェスト」は読者と、電話や自動車を持つ人の名簿をもとに「ランドン候補とルーズベルト候補、どちらに投票するか」のアンケートを郵送し、約200万人から回答を得ました。回答はランドン候補が57％の支持で、雑誌はランドン氏の当選を予想しました。

一方、調査会社「アメリカ世論研究所」は約5万人の回答からルーズベルト候補に56％の支持があり、当選するとの予想を発表します。選挙の結果は、ルーズベルト氏が60％の得票で当選しました。

雑誌の予想が外れたのは調査対象の偏りが原因です。リテラリー・ダイジェストの調査対象は雑誌を購読し続け、自動車・電話を持つ**富裕層に偏り、一般庶民の意見を見落としています**。一方の調査会社は**「割当法」**〔**右図**下〕で標本抽出を行った**標本調査**で、一般層の意見が反映でき、見事当選を予想できたのです。雑誌の調査では標本抽出が不完全で、母集団の縮図とはならなかったのです。

しかし、割当法も標本抽出法として問題があり、1948年の大統領選挙では、当選予想を外してしまっています。

※出典：D. A. Freedman, Robert Pisani and Roger Purves『Statistics, 4th edition』

# 偏った標本を集めると調査は間違う

## ▶ 1936年の次期大統領当選予想調査

リテラリー・ダイジェストは回答者の選び方が富裕層に偏った。アメリカ世論研究所は「割当法」による調査を行った。

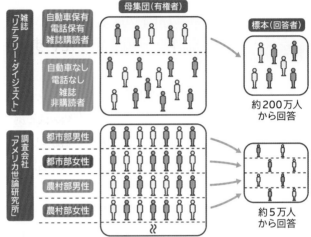

雑誌「リテラリー・ダイジェスト」

自動車保有 電話保有 雑誌購読者

自動車なし 電話なし 雑誌非購読者

母集団（有権者）

標本（回答者）

約200万人から回答

調査会社「アメリカ世論研究所」

都市部男性

都市部女性

農村部男性

農村部女性

約5万人から回答

---

### 用語 Column

【割当法とは?】

母集団の縮図となるような標本を、無作為ではなく任意に選び出す有意抽出法の一種。大統領選の世論調査では、調査対象の人数を属性ごとに指定して、回答者を任意に選び出した。

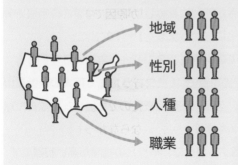

地域

性別

人種

職業

●●州、男性農家ならAさんに聞こう

割当法は、確率を用いた無作為抽出ではなく、調査員が任意に回答者を選び出す調査法のため、その標本は母集団の縮図としては不完全となる。

---

041

# 15 [活用例] 野球の統計学？ セイバーメトリクスとは

**なるほど！** どんな選手が勝利に貢献しているのか、
**野球を統計で分析**する手法！

　野球と統計学には密接な関係があります。多くのチームは、試合から蓄積されるデータを用いて試合を有利に進めたり、チームを強くしたりします。野球では、選手の能力やチームの成績は数値で表されますね。よい投手は防御率が低く、よいバッターは打率が高くなります。**防御率は、投手が1試合で平均何点（自責点）取られたかを示す平均値。打率は、安打数を打数で割った数値**です〔**図1**〕。

　とはいえ、選手それぞれに役割は異なるので、防御率や打率だけでは一概に能力を評価できません。そのため、さまざまな指標が使われています。特に、近年注目を集めたのが、野球を統計学の観点から分析する手法、**セイバーメトリクス**です。米大リーグ・アスレチックスは、どんな選手が勝利に貢献しているのかをこの手法で分析し直し、チームの強化に成功しました。

　セイバーメトリクスでの指標を、2つ紹介しましょう〔**図2**〕。

　**WHIP**とは投手の評価項目で、1イニング当たり何人の走者を出したかを表す指標です。与えた四球と被安打数を足した数値を投球回数で割ることで求められます。

　**OPS**とは打者を評価する項目で、得点との相関が高い指標です。出塁率と長打率を足して求められます。

042

# 選手の能力は数値で表される

## ▶ 野球選手は数値で能力が表せる〔図1〕

### 防御率とは

投手の成績を表す。1試合当たり何点取られたかがわかる。

投手の責任で取られた得点

$$防御率 = \frac{自責点 \times 9}{投球回}$$

### 打率とは

打者の成績を表す。3割を超えればよい打者である。

$$打率 = \frac{安打数}{打数}$$

## ▶ セイバーメトリクスの2つの指標〔図2〕

### WHIPとは

1イニング当たり何人の走者を出したかを表す。投手を評価する指標。

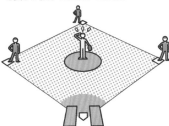

$$WHIP = \frac{与四球 + 被安打}{投球回}$$

### OPSとは

出塁率と長打率を足し合わせた数値。打者を評価する指標。

$$OPS = 出塁率 + 長打率$$

出塁率＝（安打数＋四死球）÷（打数＋四死球＋犠飛）
長打率＝ 塁打数÷打数
塁打数＝ 単打数＋二塁打数×2＋三塁打数×3
　　　　＋本塁打数×4

なるほど！ とわかる 統計学のしくみ **1章**

# 「2年目のジンクス」を

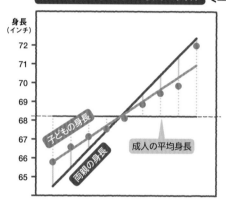

親の身長と子どもの身長の関係 〔図1〕

身長
（インチ）

72
71
70
69
68
67
66
65

子どもの身長

両親の身長

成人の平均身長

両親の身長が平均より高い場合、子どもは両親より小さい傾向がある。

両親の身長が平均より低い場合、子どもは両親より大きい傾向がある。

　スポーツでは、「2年目のジンクス」という言葉があります。プロ野球の新人1年目に大活躍した選手が、2年目には1年目ほど調子を上げられない…などといった現象ですが、これは統計学では**「平均回帰」**という理論で説明されます。

　この理論を見つけたのは、イギリスの遺伝学者ゴルトン。遺伝学のさまざまな実験を行った人物です。当時の世の中では、高身長の両親から生まれる子どもは、遺伝子を受け継いで高身長になると考えられていました。ゴルトンは約1,000人の成人した子どもとその両親の身長を観察し、両親の身長と子どもの身長の関係を調べました。すると、予想に反して、**子どもの身長は両親の身長より「一般の成人の平均身長に近くなる」傾向がある**とわかったのです〔図1〕。

　このように、**測定したデータに偏りが出たとしても、いずれ平均**

※ 図1 出典：Francis Galton「Regression towards mediocrity in hereditary stature.」

# 説明する「平均回帰」

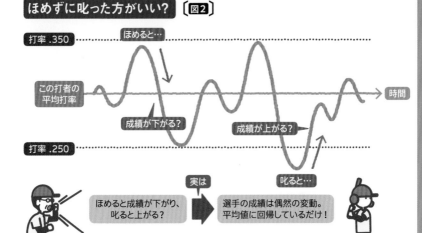

## ほめずに叱った方がいい？ 〔図2〕

打率 .350

ほめると…

この打者の平均打率

時間

成績が下がる？

成績が上がる？

打率 .250

叱ると…

ほめると成績が下がり、叱ると上がる？

実は

選手の成績は偶然の変動。平均値に回帰しているだけ！

値へ近づいていくという現象を「平均回帰」といいます。この現象は、遺伝とは関係のない分野、経済や医学、そしてスポーツなどさまざまな分野で観察できる統計的な現象です。2年目のジンクスは、1年目は絶好調でも、試合への出場機会が増えるにつれ、自分本来の平均的な成績に戻っていくという自然な現象といえるのです。

また、平均回帰に関連して**「回帰の誤謬」**という考えもあります。ある野球のコーチが、成績の上がった選手をほめたら成績が下がり、成績の悪さを叱ったら成績が上がりました。経験的に「叱った方が成績が上がる！」となりそうですが、「平均回帰」に気づいていないコーチの誤りです。アドバイスがなくとも、成績は上下するのが自然なのです〔図2〕。このように**平均回帰が起こっているだけなのに、何か原因があると思い込むことを「回帰の誤謬」といいます。**

なるほど！とわかる 統計学のしくみ **1**章

# コレラの感染源を統計学が突き止めた?

**患者の場所を地図に記録し、感染源となった井戸を突き止めた!**

コレラは古くより恐れられてきた疫病でしたが、この疫病の原因と感染経路は、統計によって突き止められました。

19世紀のイギリスでコレラが大流行したとき、医師のスノウは、汚染された水を介した感染だと、仮説を立てていました。そんな中、ロンドンでコレラが大流行。スノウは、街の牧師とともに現地を訪れました。地図上に感染者の家ごとに印をつけた**「ドットマップ」**をつくったところ、**ある井戸の周辺に感染者の家が集中していることを発見**。スノウは井戸を感染源と推定し使用を禁じ、この地域の感染を抑えたのです〔**図1**〕。

あわせてスノウらは、水道会社も調べました。当時のロンドンは下水システムが未整備で、汚物はテムズ川に廃棄されていました。水道会社はその川から水を取り、ろ過して各家庭に供給していたのです。スノウは、コレラの死者が出た地区とその地区が利用している水道会社を調べて**「集計表」**をつくり上げました。その表で患者の死亡率と汚染水を供給した水道会社を比較。**感染源となった会社を突き止めたのです**〔**図2**〕。

スノウは医療分野で統計手法を使った先がけで、病気と健康の関係を統計で明らかにする**「疫学」**の元祖と呼ばれます。

# ドットマップで感染源を突き止めた

## ▶ 感染源を推定したドットマップ〔図1〕

スノウは、コレラ患者の出た家を訪ね歩いて、地図上に記録し、この地図から汚染源である井戸を推定した。コレラに感染した女児のオムツの洗濯に使用した水を、井戸近くに捨てたことが原因とみられている。

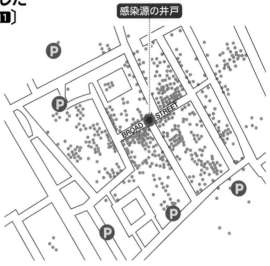

感染源の井戸

BROAD STREET

Ⓟ … 井戸　　● … 患者

## ▶ 死亡率と水道会社の関係〔図2〕

**コレラ流行の最初の7週間における死亡者の割合**

|  | 世帯数 | コレラ死者数 | 1万人当たりの死者数 |
|---|---|---|---|
| 水道会社Aから供給された住民 | 40,046 | 1,263 | 315 |
| 水道会社Bから供給された住民 | 96,107 | 96 | 37 |
| 残りのロンドン住民 | 956,483 | 1,488 | 59 |

※ジョン・スノウ「コレラの伝染様式について」をもとに作成。

スノウは、コレラ死者数と各地域へ水を供給している水道会社を調べ上げ、死亡率から、汚染水を供給しているとみられる水道会社を推測した。

> 水道会社Aと水道会社Bを比べると、死者数が8倍も高いため、水道会社Aが感染源と突き止めた！

なるほど！とわかる 統計学のしくみ **1章**

# 17
## [活用例]
# 感染症の流行は
# どうやって調べている?

**なるほど!** 「**基本再生産数**」という数値で判断。
治るまでの間に、**何人に感染させたか**が基準!

「感染症が流行!」などと騒がれますが、どうやって流行を判断しているのでしょうか? ここでも統計の手法が使われています。

感染症の感染力は**基本再生産数($R_0$)**〔**図1**〕で表されます。基本再生産数とは、その感染症の免疫を持たない集団の中で、**「1人の患者が治るまでの間に、平均して何人の患者に感染させたか」**の平均値です。放っておいたら平均何人感染させるかを表すもので、$R_0$が2の場合は、平均して1人の感染者が2人に感染させ、2人が4人に…とネズミ算式に拡大する可能性を表しているのです。

ちなみに、感染が広まってしまい、人々が対策を取っている状況下で、感染症が1人当たり平均何人にうつすかを見る数値は**実効再生産数**($R_t$)**と呼ばれ、区別されています。

感染症の流行を見るときは、**$R_t$が1より大きい場合は感染は拡大中、$R_t$が1未満の場合は感染は終息へ向かっていると判断**することができます。この数値の増減で、感染症の終息やワクチンの接種率の目標に役立ててきたのです。

感染症の基本再生産数はさまざまで、風疹(ふうしん)の基本再生産数は7〜9、スペインかぜは2〜3、SARSは1.7〜1.9といわれます。はしかは16〜21と高く、感染力の高い病気といえます〔**図2**〕。

# 感染力は「基本再生産数」で表される

## ▶ 基本再生産数とは？
〔図1〕

感染症の感染力を表す数値で、1人の感染者が生み出す2次感染者数の平均値を表す。例えば $R_0 = 2$ の場合、1人が2人に感染させるのでネズミ算式に感染者は増えていく。

基本再生産数 $R_0$ を
1より小さくすることが、
感染拡大を防ぐ
目安となる！

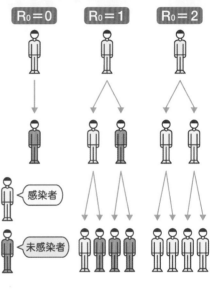

$R_0 = 0$  $R_0 = 1$  $R_0 = 2$

感染者

未感染者

## ▶ おもな感染症の基本再生産数 〔図2〕

世界ではさまざまな感染症が流行してきた。おもな感染症の基本再生産数を見てみよう。

| 感染症 | 感染経路 | $R_0$ |
|---|---|---|
| はしか（麻疹） | 飛沫核感染 | 16〜21 |
| ジフテリア | 唾液 | 6〜7 |
| 天然痘 | 飛沫感染 | 5〜7 |
| ポリオ | 経口感染 | 5〜7 |
| 風疹 | 飛沫感染 | 7〜9 |
| おたふくかぜ | 飛沫感染 | 11〜14 |
| 百日咳 | 飛沫感染 | 16〜21 |
| スペインかぜ（インフルエンザ） | 飛沫感染 | 2〜3 |
| SARS | 飛沫感染 | 1.7〜1.9 |
| MERS | 飛沫感染 | 0.7 |

※国立感染症研究所「わが国におけるプレパンデミックワクチン開発の現状と臨床研究」などより作成。

# 18
[活用例]

# うそか本当かが、統計でわかる？

なる
ほど！

**仮説検定**を使えば、うそか本当かを
**確認**する実験ができる！

　紅茶を先に入れたミルクティか、ミルクを先に入れたミルクティか…。その味の違いがわかると主張する女性がいます。違いなどわかりそうにありませんが、はたして証明できるのでしょうか？

　イギリスの統計学者フィッシャーは、紅茶を先に入れたもの、ミルクを先に入れたものの2種類のカップを複数用意し、女性にランダムに飲んでもらい当てさせる実験を行いました。フィッシャーは**「女性がミルクティの入れ方を味わい分けられない」と仮定した場合、偶然にいい当てられる確率に注目**します。1杯なら50%、2杯連続なら25%…と見ていくと、5杯連続で当てる確率は3.125%、8杯連続なら約0.39%。これらの仮想確率をp値と呼びます。

　実験では、「味を判別できない」という仮説を立てて、「味を判別できる」ことを確かめました。この方法を**仮説検定**（➡ P144）といいます。ここで確かめたい仮説（味を判別できる）は**対立仮説**、否定したい仮説（味を判別できない）は**帰無仮説**と呼びます。p値がある閾値（有意水準）を下回れば、偶然ではめったに起きない、として帰無仮説を棄却します。有意水準の決め方には科学的根拠はありませんが、例えば5%とすれば、ランダムに5杯飲んで当てられたとすると、女性はミルクティの味を判別できるといえます。

# 連続で偶然正解する確率はとても低い

## ▶ ミルクティ判別実験

女性が紅茶を先に入れたか、ミルクを先に入れたかの味を判別できているのか、それとも偶然かを確認する実験を行った。

この2つの味の違いがわかる！

女性

ミルクを先に入れたミルクティ

紅茶を先に入れたミルクティ

「味が判別できない」仮説を立てて、「味が判別できる」ことを検証しよう！

フィッシャー

ランダムに入れ方の違う2種類のミルクティを出す

女性

## この実験を「仮説検定」という！

### 味を連続して当てられる確率

| | |
|---|---|
| 1杯正解する確率 | 50% |
| 2杯連続正解する確率 | 25% |
| 3杯連続正解する確率 | 12.5% |
| 4杯連続正解する確率 | 6.25% |
| 5杯連続正解する確率 | 3.125% |
| 6杯連続正解する確率 | 1.5625% |
| 7杯連続正解する確率 | 0.78125% |
| 8杯連続正解する確率 | 0.390625% |

仮説検定で真実かどうかを確かめられる。有意水準を5%とするなら、ランダムに5杯飲んで連続で当てられれば、真実と確認できる。

ちなみに私は、8杯連続当てました！

女性

なるほど！とわかる 統計学のしくみ **1**章

# 統計学があぶり出した 2つの怪しい事例

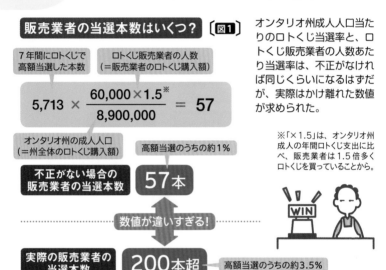

**販売業者の当選本数はいくつ？** 〔図1〕

7年間にロトくじで
高額当選した本数

ロトくじ販売業者の人数
（＝販売業者のロトくじ購入額）

$$5{,}713 \times \frac{60{,}000 \times 1.5^※}{8{,}900{,}000} = 57$$

オンタリオ州の成人人口
（＝州全体のロトくじ購入額）

高額当選のうちの約1%

**不正がない場合の
販売業者の当選本数** 57本

数値が違いすぎる！

**実際の販売業者の
当選本数** 200本超 高額当選のうちの約3.5%

オンタリオ州成人人口当たりのロトくじ当選率と、ロトくじ販売業者の人数あたり当選率は、不正がなければ同じくらいになるはずだが、実際はかけ離れた数値が求められた。

※「×1.5」は、オンタリオ州成人の年間ロトくじ支出に比べ、販売業者は1.5倍多くロトくじを買っていることから。

　データを分析して真実を見出す統計学。過去に、データ分析により怪しい事例をあぶり出した統計の活用例を2つ紹介します。

　1つ目。2001年、カナダのオンタリオ州で、ロトくじ（当選確率1,000万分の1）の高額当選者が出ました。当選者はロトくじを販売する店の店主。しかし、その当たり券を店主に盗まれたと訴える人が現れ、その訴えた人は統計学者に相談しました。

　統計学者のローゼンタールは過去7年間のロトくじ当選者を調べ、**不正行為がない場合、ロトくじの販売業者が当選する確率**はどれくらいか、推定を試みました〔図1〕。

※図1 出典：Jeffrey S. Rosenthal「Statistics and the Ontario Lottery Retailer Scandal」

## 成績分布から不正がわかる!? 〔図2〕

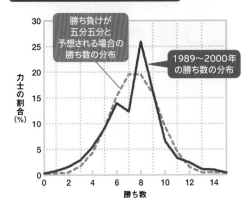

勝ち負けが五分五分と予想される場合の勝ち数の分布

1989〜2000年の勝ち数の分布

力士の割合(%)

勝ち数

一場所を終えた力士の勝ち数の分布。比較のための分布に比べると、8勝の力士が異様に多く、7勝の力士は異様に少ない。

　計算上、ロトくじ販売業者全体の当選本数は**57本**になると算出されました。しかし、**実際には販売業者全体の当選本数は200本を超えて**いて、不正を疑うには十分な数字でした。結局、店主は不正を認めざるを得なくなり、返金に応じたといいます。

　2つ目。アメリカの経済学者レヴィットが、1989〜2000年における大相撲の取り組みを分析し、**大相撲の八百長を統計的に証明**しようとしました。その際に作成されたのが、1989〜2000年における一場所終了後（一場所は全15戦）の力士の成績分布です〔**図2**〕。

　歪んだグラフがデータに基づいた勝ち数の分布図で、釣り鐘型のものは、勝ち負けが五分五分と予想される場合の勝ち数の分布図です。**8勝する力士が異様に多く、7勝で終わる力士もこれまた異様に少ない**ことが見てとれます。大相撲は勝ち越せば（8勝すれば）番付が上がり、負け越せば（7勝で終わると）番付が下がるシステムのため、7勝7敗の力士が勝ちやすい傾向があり、そこに「八百長」があったのでは…とレヴィットの論文では解説されています。

※**図2** 出典：Mark Duggan,Steven D. Levitt「Winning Isn't Everything: Corruption in Sumo Wrestling」

# 19
[活用例]

# お店の商品の人気傾向は統計でどう調べる？

**なるほど！** クロス集計表や散布図を用いて、2つの関係性を調査する！

　統計では、**1つのデータに含まれる2つの変数（xやyのようにいろいろな値に変わる数量）同士の関係性を調べる**ことができます。

　例えば、あるお店で新商品が男女のどちらに人気があるのかを調べる場合、調査データに含まれる「性別」と「新商品購入の有無」という2つの変数を分析すれば、人気の傾向を確かめることができます。この「性別」や「購入の有無」といった変数は「数字で測れない変数」で、質的変数とも呼ばれます。質的変数を分析する場合は、**クロス集計表**を用います〔**右図**上〕。

　次に、「数値で測れる変数」で量的変数同士の関係を分析する方法も紹介します。あるお店で、取り扱い商品の販売個数データを得たとします。扱う商品のうち、例えば、納豆の販売個数とオクラの販売個数を比べて、その2つの販売個数にどんな関係があるのかを調べる場合は、**散布図**を作成します〔**右図**下〕。

　このとき散布図に、「一方が増えるともう一方も増える」「一方が増えるともう一方が減る」といった直線的な関係が現れている場合、これを**相関（相関関係）**と呼びます。相関の関係にあるとき、2つの変数の関係がどのくらい強いのか、または弱いのかは、**「相関係数（⇒P148）」**という数値で分析することができます。

# 統計で2つの変数の関係を見る

## ▶2つの変数の関係を調べる

質的変数はクロス集計表で、量的変数は散布図で分析できる。

### クロス集計表とは?

集計した2つの変数を掛け合わせた表（クロスさせた表）。下表では「性別」と「新商品購入の有無」の質的変数の関係を分析できる。

くわしくは ➡ P148

| | | 性別 | | 合計 |
| --- | --- | --- | --- | --- |
| | | 男性 | 女性 | |
| 新商品購入の有無 | 購入した | 10人 | 35人 | 45人 |
| | 購入していない | 50人 | 25人 | 75人 |
| | 合計 | 60人 | 60人 | 120人 |

### 散布図とは?

タテ軸とヨコ軸にそれぞれの変数の数値をとり、該当する位置に点を打つグラフ。下図のような直線的な関係は、相関という。

くわしくは ➡ P148

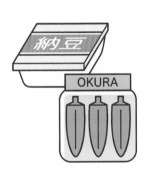

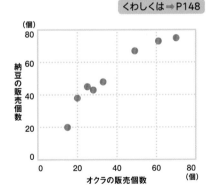

なるほど! とわかる 統計学のしくみ **1章**

# 20 [活用例] 「CS分析」と、その注意点とは?

 顧客満足度分析で**改善点を抽出**する。
ただし、短絡的に**結論に飛びつかない**!

　ビジネスがうまくいかない…。そんな問題解決の材料として活用できる、散布図を使った「CS分析」と、その注意点を紹介します。

　CSとは顧客満足度（customer satisfaction）の頭文字で、**CS分析とは、商品に客が満足しているかどうかを判断すること**です。ここでは、新商品の菓子の売れ行きに関するアンケートで、顧客が満足していない項目を割り出す調査の流れを見てみましょう〔**右図**〕。

　まず、アンケートで商品に関する「満足度」と「重要度」を調査し、それぞれを軸に散布図を作成。この図から、**どの項目を優先して改善すればよいかを判断するのが、CS分析の流れ**です。

　重要度とは、各項目の満足度と総合評価の相関をみる数値です。満足度が低く、重要度が高い右下の商品が重要…という考えもありますが、これを改善すればいいと短絡的に考えては問題があります。

　なぜなら、たまたまその項目と総合評価とが強く相関しているだけの場合も十分にありえるからです（疑似相関➡P154）。この調査では性別や年齢といった外部要因ごとの分析も必要で、要因ごとに改善項目は変化するはずです。**相関が強いからといって、必ずしも因果関係があるとはいえない**のです。ですので、「真に重要な項目」は何かをよく考え、短絡的に結論に飛びつかないことも大切です。

# すぐに結論に飛びつかず要因を探す

## ▶ CS分析の流れ

### ❶ アンケートをとる

新商品のお菓子について、どんな感想をもったかを、来店客にアンケートを実施する。

**新商品についてのアンケート**

| | | | | | | | |
|---|---|---|---|---|---|---|---|
| 包装デザイン | 満足 ⬅ | 5 | 4 | 3 | 2 | 1 | ➡ 不満 |
| 菓子の外観 | 満足 ⬅ | 5 | 4 | 3 | 2 | 1 | ➡ 不満 |
| 味 | 満足 ⬅ | 5 | 4 | 3 | 2 | 1 | ➡ 不満 |
| 食感 | 満足 ⬅ | 5 | 4 | 3 | 2 | 1 | ➡ 不満 |
| 内容量 | 満足 ⬅ | 5 | 4 | 3 | 2 | 1 | ➡ 不満 |
| 価格 | 満足 ⬅ | 5 | 4 | 3 | 2 | 1 | ➡ 不満 |
| 総合評価 | 満足 ⬅ | 5 | 4 | 3 | 2 | 1 | ➡ 不満 |

### ❷ 調査結果を集計

アンケート結果を集計表にまとめ、満足度と重要度を求める。

| | | 包装デザイン | 菓子の外観 | 味 | 食感 | 内容量 | 価格 |
|---|---|---|---|---|---|---|---|
| 全体に占める「5」「4」の割合 | 満足度 | 0.1 | 0.15 | 0.75 | 0.75 | 0.25 | 0.7 |
| 各項目が総合評価にどれくらい相関しているかを見る相関係数 | 重要度 | 0.27 | 0.44 | 0.23 | 0.70 | 0.48 | 0.14 |

### ❸ 改善項目を判断

各項目の位置によって、優先度の高い改善項目を判断する。

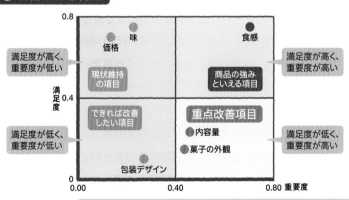

満足度が高く、重要度が低い — 現状維持の項目（味・価格）

満足度が高く、重要度が高い — 商品の強みといえる項目（食感）

満足度が低く、重要度が低い — できれば改善したい項目（包装デザイン）

満足度が低く、重要度が高い — 重点改善項目（内容量・菓子の外観）

➡ ただし、**重要改善項目 = 改善点** と短絡的に考えずに、ほかの要因も検討することが大切！

# 21
[活用例]

# 商圏分析にも統計が活用されている?

世帯数や人口など、**地域の特徴を**
**地域メッシュ調査で絞り込む!**

スーパーやコンビニなどの新規出店の成功は、事前の調査に左右されます。いったいどうやって調査しているのでしょうか?

**新規出店やその候補地探しの際には、商圏分析を行います**。商圏分析とは、新規店舗や候補地の周りにどんな人が住んでいるのか、競合店はあるのか…など、地域の特徴を把握すること。その際に、国勢調査をはじめとする統計情報を活用しているのです。

例えば、コンビニ新規店舗の候補地探しで考えてみましょう。

コンビニは徒歩5分（半径350m）圏内に「1,000世帯以上、昼間人口3,000人以上、夜間人口3,000人以上」の場所が適しているといわれています。これらの条件で、総務省統計局の**「地域メッシュ統計」**上で検索します。すでに出店しているコンビニの住所データも用意して、出店候補地の近くにないかもチェック。すると、地図上に候補地が現れます。それを一覧にして、直接現地で地図ではわからないことを調査し、出店を判断するのです〔**右図**〕。

地域メッシュ統計とは、**地図を網の目に分け、それぞれのエリアに国勢調査などをもとにした統計情報を表示するもの**です。そのエリアにどんな職業の人が何人住んでいるのかがひと目で把握できるため、商圏分析や防災計画などで活用されています。

# 地域メッシュ統計で候補地を絞り込む

## ▶ 地域メッシュ統計で候補地を探す

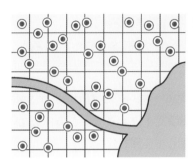

### 第1条件で地域を絞り込む

**商圏の条件**

徒歩5分(半径350m)圏内に…
- ◆ 昼間人口　3,000人以上
- ◆ 夜間人口　3,000人以上
- ◆ 世帯数　　1,000世帯以上

総務省が公開している「地域メッシュ統計」上に上記の条件を入力し、検索すると条件に該当する地域に印が付く。

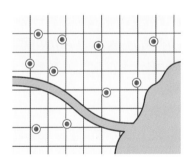

### 第2条件で地域を絞り込む

**商圏の条件**
- ◆ メッシュ内にコンビニがないこと

印を付けた場所でコンビニが被らないよう、すでに出店しているコンビニの住所データを入力して、さらに商圏を絞り込む。

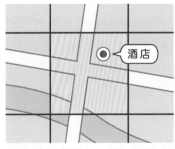

酒店

### 第3条件で地域を絞り込む

**商圏の条件**
- ◆ 営業できそうな店舗

抽出エリア内で、空き店舗やコンビニに変えられそうな酒店、米穀店、食料店などを探す。営業できそうな物件の目安を付けたら、担当者が現地を訪れて最終判断する。

※総務省統計局「地域メッシュ統計の利用例」をもとに作成。

なるほど! とわかる　統計学のしくみ **1章**

# 22

[活用例]

# 小売りチェーンに必須？「POSデータ」のしくみ

**なるほど!** リアルタイムで商品管理できるしくみ。
「ABC分析」で、商品の人気を調べている！

　コンビニやスーパーなどの小売業では、POS（Point of sale）システムという商品管理技術が導入されています。このPOSが生み出すデータの活用例を見てみましょう。

　POSシステムは**「販売時点情報管理」**と呼ばれ、商品管理と販売管理をリアルタイムで行えるしくみです。コンビニやスーパーに並ぶたくさんの商品のうち、どんな商品がいくつ売れたかの販売データを収集し、人気商品と不人気商品を把握しつつ、商品をメーカーに注文できるシステムです〔**図1**〕。

　例えば、過去に売れた商品の販売数、販売時間、購入者の性別、年齢層のほか、「雨の日には傘が売れた」「寒い日は温かい飲み物や肉まんが売れる」など、天気や気温とひもづいた情報まで蓄積されるため、販売機会を逃さないよう店舗をサポートできるのです。

　POSが蓄積した情報は、売上の分析にも使われます。コンビニなどでは、**人気の高い商品＝総売上の高い順にA・B・Cとランクづけする「ABC分析」という手法**が用いられています。

　ABC分析では、パレート図という商品の売上の高い順に並べた棒グラフと、売上の構成比の累計を表す折れ線グラフとを組み合わせたものを用います（➡P62**図2**）。このグラフをもとに、売上高

# ▶ POSシステムのしくみ〔図1〕

POSシステムは、商品管理と販売管理をリアルタイムで行えるしくみ。

## ❶ POSレジで会計

商品をバーコードで読み取り、会計と同時に商品情報を得る。

## ❷ コンピュータにデータを蓄積

コンピュータにどんな商品が何個売れたか、販売データを蓄積。

| 購入商品名 | 個数 | 価格 |
|---|---|---|
| A社お茶 500㎖ | 1 | 180円 |
| B社おにぎり | 1 | 110円 |
| A社缶ビール 500㎖ | 2 | 440円 |
| D社ポテトチップス | 1 | 180円 |
| C社濃厚プリン | 1 | 150円 |
| E社発泡酒缶 500㎖ | 2 | 440円 |

## ❸ 販売データから商品を注文

販売データを分析し、メーカーに商品を注文する。

## ❹ 注文された商品を配達

注文に従って、商品をそろえて店舗に配達する。

上位の「Aランク」は人気商品、中位の「Bランク」は中間、下位の「Cランク」は不人気商品と判断するのです。

　コンビニのように、たくさんの品数を置けないお店は、Cランクの商品は品物棚から外す判断をすることになりますが、実はここに落とし穴があります。実はCランク商品の中には、客単価が高い商品だったり、その店にしかない魅力の商品だったり、密かに店舗に貢献しているものが眠っているのです。

　特に、Cランクのようにニッチな商品の売上高の合計が人気商品の売上高を上回る現象を**「ロングテール」**とも呼び、ネット店舗を持つ小売店では、重要視されるようになっています（➡ P63図3）。

# パレート図で売れ筋商品を見極める

## ▶ パレート図でABC分析 〔図2〕

POSの販売データから累積比率を求め、パレート図を作成すれば、ABC分析が行える。

### ❶ 売上高の累積比率を求める
※端数は省略しています。

●コンビニA店のパンの売上

| 品名 | 月の売上高 | 累積度数 | 構成比率 | 累積比率 |
|---|---|---|---|---|
| ❶ メロンパン | 800,000円 | 800,000 | 36% | 36% |
| ❷ クリームパン | 440,000円 | 1,240,000 | 20% | 56% |
| ❸ カレーパン | 300,000円 | 1,540,000 | 14% | 70% |
| ❹ たまごサンド | 225,000円 | 1,765,000 | 10% | 80% |
| ❺ ウインナーロール | 140,000円 | 1,905,000 | 7% | 87% |
| ❻ チョコクロワッサン | 90,000円 | 1,995,000 | 4% | 91% |
| ❼ くるみパン | 80,000円 | 2,075,000 | 4% | 95% |
| ❽ 低糖質パン | 50,000円 | 2,125,000 | 2% | 97% |
| ❾ ハムエッグサンド | 26,000円 | 2,151,000 | 1% | 98% |
| ❿ カツサンド | 24,000円 | 2,175,000 | 1% | 99% |
| ⓫ チーズ蒸しパン | 20,000円 | 2,195,000 | 1% | 100% |
| 合　計 | 2,195,000円 | | 100% | |

[手順]

総売上に占める割合を求め（構成比率）、その比率を次々に足していった「累積比率」を求める

⬇

各売上を次々に足していった「累積度数」を求める

⬇

月の売上高と累積比率から、パレート図を作成する

⬇

### ❷ ABC分析を行う

パレート図で、商品をAからCランクに分けて、重点項目を絞ることができる。

| Aランク | 売上の大半が生じる重点項目 |
|---|---|

| Bランク | 重点項目の予備群 |
|---|---|

| Cランク | 不人気商品群 |
|---|---|

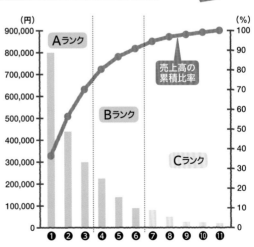

062

# ロングテールでニッチな商品にも注目

## ▶Cランク商品は本当に不人気？〔図3〕

Cランク商品だからと商品を外しては、大事な客の店離れを招くこともある。

### 隠れたリピート商品かも？

ABC分析ではあまり人気のないパンが見つかったが、別角度から分析したところ、その店にしかない、オリジナル商品だった。なんとその売上の6割が、1割のリピーター客によるものだった。

### 客単価が大きいかも？

Cランクの商品について、レシート情報を分析したところ、Cランクの商品を買う客は、同時にいろいろな商品を購入する、客単価が高い客であることがわかった。

不人気商品

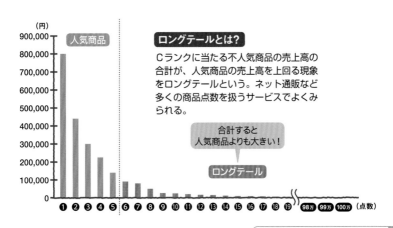

### ロングテールとは？

Cランクに当たる不人気商品の売上高の合計が、人気商品の売上高を上回る現象をロングテールという。ネット通販など多くの商品点数を扱うサービスでよくみられる。

合計すると人気商品よりも大きい！

ロングテール

なるほど！とわかる　統計学のしくみ **1章**

# 23 [活用例] 売上高から傾向を 読み取るコツは？

**なるほど！** 時系列データは「**季節性**」を考えて、
「**移動平均**」「**季節調整値**」を求めて分析！

　売上高の分析は、多くの会社で行っていることかと思いますが、その際にはいくつか注意する必要があります。ここでは、2017〜2019年の全国百貨店の売上高の推移をもとに、その注意点を考えてみましょう〔**図1**〕。

　折れ線グラフを見ると、毎年7月や12月ごろにグラフの山が高くなるパターンが見られます。百貨店では、ボーナス支給月をはじめ、お盆やクリスマスで売上が伸びるといった、季節的な要因がたくさんありますよね。この季節的な変動が激しいため、前月との売上を比較してもあまり役立ちません。**このような変化を「季節調整」で取り除き、データを分析しやすくすることが大事**になります。

　季節調整にはいくつか方法がありますが、まず「**移動平均**」から紹介しましょう（➡ P66）。

　移動平均とは、各時点のデータをその数値周辺のデータの平均に置き換えたものです。**図2**のグラフは「後方3か月移動平均」を使用したグラフで、各月とそれ以前の2か月分の平均値を使って数値を求めています。

　移動平均により、**図1**のグラフより**図2**は平滑化され、変化のパターンが読みやすくなります。グラフを分析すると、ここ3年は目

# ▶ 全国百貨店の売上高の推移〔図1〕

月別の全国百貨店の売上高をグラフにしたもの。12月が1年でもっとも盛況なのはわかるが、年ごとの変化は読み取りにくい。

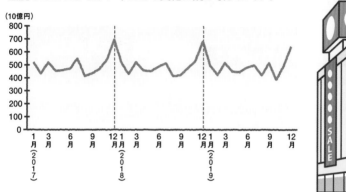

※日本百貨店協会「百貨店売上高」より作成。

立った変化はないことが見て取れるでしょう。

もっとグラフを平滑化できる季節調整の手法もあります。**「季節調整値」** を求めることで、ボーナス支給月や各イベントなどから生じる、百貨店の売上高推移がもつ特有の周期を、さらに取り除くことができるのです（➡P67）。

季節調整値にはいろいろな求め方がありますが、表計算ソフトなどを用いて移動平均や季節指数などから導き出せます。

**図3** を見ると、年単位では百貨店の売上高に変化はないことが見て取れますが、2019年9月に大きな山が確認できます。これは、2019年10月の消費税増税前の駆け込み需要で例年以上に売上があったために生まれたものです。

このように、**周期性を除くことができれば、図1ではわからなかった、隠されたデータの変化を分析できる**のです。

# 移動平均で平滑化する

## ▶ 移動平均とは？〔図2〕

移動平均とは、各時点のデータを周辺のデータの平均で置き換えること。

### 後方3か月移動平均のグラフ

各時点を含んで過去3か月の平均をとることで、変化のパターンを読み取りやすくできる。

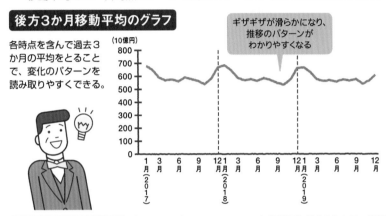

ギザギザが滑らかになり、推移のパターンがわかりやすくなる

### 移動平均の求め方

期間の取り方によっていろいろな移動平均が求められる。期間を大きく取れば長期的な傾向が、短く取れば短期的な傾向がつかめる。

|  | 売上高 (10億円) | 移動平均 (後方3か月) |
|---|---|---|
| 2017年1月 | 520 |  |
| 2017年2月 | 433 |  |
| 2017年3月 | 519 | 491 |
| 2017年4月 | 452 | 468 |
| 2017年5月 | 458 | 476 |
| 2017年6月 | 472 | 461 |
| 2017年7月 | 546 | 492 |
| 2017年8月 | 412 | 477 |
| 2017年9月 | 433 | 464 |
| 2017年10月 | 469 | 438 |
| 2017年11月 | 539 | 480 |
| 2017年12月 | 693 | 567 |
| 2018年 | 5 | 58 |

例えば、2月とその前後の月の平均値からは、2月の3か月移動平均（中央）が求められる（この場合4,910億円）

例えば、1〜12月の平均値からは、12か月移動平均が求められる（この場合4,960億円）

例えば、10月の後方3か月移動平均は、8月〜10月の売上高の平均値から求められる

# 季節調整でさらに平滑化

## ▶ 周期性を除いた季節調整〔図3〕

一年を周期とした決まった動き（季節変動）がある場合、もとのデータから季節変動を除いた数値を季節調整値と呼ぶ。

### 季節調整のグラフ

季節変動の周期が明確な場合、その周期性を除去すれば、さらに意味あるパターンやイベントを読み取りやすくなる。

消費税増税前の駆け込み需要などもわかるようになる

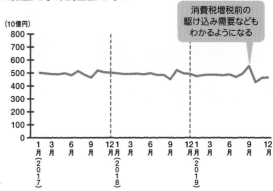

### 周期性を除去した季節調整

季節調整値は計算が複雑なため、通常は表計算ソフトなどで求める。

12か月移動平均を求める

中心化で1月の移動平均値を求める

|  | 売上高<br>（10億円） | 移動平均<br>（12か月） | 中心化<br>移動平均 |
|---|---|---|---|
| 2016年12月 | 694 | 498 |  |
| 2017年1月 | 520 | 497 | →497 |
| 2017年2月 | 433 | 496 | 496 |
| 2017年3月 | 519 | 495 | 496 |
| 2017年4月 | 452 | 495 | 495 |
| 7年5月 | | 495 | |

季節調整値は、各月の
**売上高×季節指数**
から求められる

|  | 季節<br>調整値 |
|---|---|
| 2016年12月 | 501 |
| 2017年1月 | 495 |
| 2017年2月 | 490 |
| 2017年3月 | 489 |
| 2017年4月 | 497 |
| 2017年 | 48 |

売上高÷中心化移動平均から各月の「季節成分（周期性を生み出す要因）」を求める

|  | 2017年 | 2018年 | 2019年 | 平均 | 季節指数 |
|---|---|---|---|---|---|
| 1月 | 1.05 | 1.04 | 1.01 | 1.03 | 1.04 |
| 2月 | 0.87 | 0.87 | 0.86 | 0.87 | 0.87 |
| 3月 | 1.05 | 1.05 | 1.05 | 1.05 | 1.06 |
| 4月 | 0.91 | 0.92 | 0.92 | 0.92 | 0.92 |
| 月 | 0.93 | | 0.91 | | 2 |

12か月の値の合計が12になるよう調整

なるほど！とわかる 統計学のしくみ **1章**

# 要注意?「シンプソンのパラドックス」

全体だけを見て判断する、あるいは部分だけを見て判断すると、大変な間違いをするかもしれません。イギリスの統計学者シンプソンが報告した、いわゆる **「シンプソンのパラドックス」** は、そのことを教えてくれます。

例えばある商店で、パンとコーヒーの売れ行きと関係性を調べたところ、男性の約3人に1人、女性だと約半分の人が、パンと一緒にコーヒーを購入していたとします〔**図1**〕。しかし、性別を合わせた全体で見ると、パンを購入しないお客さんの方が、コーヒーを購入する割合が高くなったとします〔**図2**〕。さて、パンとコーヒーは一緒に購入されやすいのか、購入されないのか…どちらが正しいのでしょうか?

## 男女別の購入表 〔図1〕

| 男 性 | | コーヒー | | コーヒーを買う割合 |
|---|---|---|---|---|
| | | 購入する | 購入しない | |
| パン | 購入する | 50 | 120 | 29% |
| | 購入しない | 10 | 40 | 20% |

| 女 性 | | コーヒー | | コーヒーを買う割合 |
|---|---|---|---|---|
| | | 購入する | 購入しない | |
| パン | 購入する | 20 | 15 | 57% |
| | 購入しない | 350 | 500 | 41% |

コーヒーを買う人はパンも買う?

## 男女をまとめた全体の購入表 〔図2〕

コーヒーは
買わないのかな？

| 全体 | | コーヒー | | コーヒーを買う割合 |
|---|---|---|---|---|
| | | 購入する | 購入しない | |
| パン | 購入する | 70 | 135 | 34% |
| | 購入しない | 360 | 540 | 40% |

大

　このように、**「全体で見るか」「部分で見るか」によって、まったく正反対の結論が得られること**を、この現象を報告したシンプソンの名前にちなんで、「シンプソンのパラドックス」と呼びます。

　**図1**を見れば、男性はコーヒーとパンを同時に購入する傾向が強く、女性はコーヒーのみ購入する人が圧倒的に多いことがわかります。しかし、**図2**のように性別をまとめてしまうと、性別では現れていた特徴が隠されるため、「パンの購入者はコーヒーを購入しない」という傾向しか見えなくなってしまいます。

　シンプソンのパラドックスでは、**第3の要素が、真実を知るためのカギ**になります。ここでは「性別」が第3の要素として、パンとコーヒーの売れ行きの双方に影響を与え、逆の関連性を生み出しているのです。そのため、**図2**の全体の購入表だけで、売れ行きを判断するのは危険なのです。**性別を考慮した調査結果である図1**も参考に、客の好みを聞くなど追加調査を行う方がよいでしょう。相関を見るときは、調査のしかたに偏りがないか、第3の要素の存在に注意しましょう。

なるほど！ とわかる　統計学のしくみ **1**章

# 24 [活用例] 生命保険の運用にも統計学が使われている?

**なるほど!** 「**生命表**」から死亡率を求めて、
「**大数の法則**」をはたらかせて運用している!

人間はいつ死ぬかわかりません。予測できないのに、なぜ保険会社は生命保険の支払いを約束できるのでしょうか?

**生命保険**とは、保険加入者から毎月保険料を集める代わりに、もし加入者が死亡した場合、加入者が指定した受取人に死亡保険金を支払うもの。その**保険加入者の死亡率を予測**することから、生命保険は成り立っています。

死亡率は、「**生命表**」という寿命の統計から求められます〔**図1**〕。保険会社はその死亡率から、死亡保険金の額や保険料を計算します。大事なのが、死亡率を裏付ける「**大数の法則**」〔**図2**〕です。大数の法則から、**予測できない個人の死亡時期も、たくさんの人の例を集めれば、統計通りの数値に近づくものと考えられる**のです。

そこで保険会社は、想定した死亡率がばらつかないよう、加入者をたくさん集めます。そして、加入者の健康状態が均質となるよう医学審査するなど、平均的な死亡率の加入者の負担が増さないよう、**大数の法則がきちんとはたらく状況をつくり出している**のです。

「加入者が多く、それぞれ独立に死亡する」という前提で大数の法則ははたらきます。大災害などで同時に加入者が死亡した場合、その前提は成り立たず大数の法則もはたらきません。

# 死亡率を裏付けるのが大数の法則

## ▶ 生命表と死亡率 〔図1〕

生命表は厚生労働省や生命保険会社が作成。大数の法則をはたらかせれば死亡率の数値は安定する。

**生命表と死亡率**

| 年齢(歳) | 男性 死亡率 | 男性 平均余命 | 女性 死亡率 | 女性 平均余命 |
|---|---|---|---|---|
| 0 | 0.20% | 81.41年 | 0.18% | 87.45年 |
| 5 | 0.01% | 76.63年 | 0.01% | 82.66年 |
| 10 | 0.01% | 71.66年 | 0.01% | 77.69年 |
| 15 | 0.02% | 66.69年 | 0.01% | 72.72年 |
| 20 | 0.04% | 61.77年 | 0.02% | 67.77年 |
| 25 | 0.04% | 56.91年 | 0.02% | 62.84年 |
| 30 | 0.06% | 52.03年 | 0.03% | 57.91年 |
| 35 | 0.07% | 47.18年 | 0.04% | 53.00年 |
| 40 | 0.10% | 42.35年 | 0.06% | 48.11年 |
| 45 | 0.15% | 37.57年 | 0.09% | 43.26年 |
| 50 | 0.24% | 32.89年 | 0.14% | 38.49年 |

| 年齢(歳) | 男性 死亡率 | 男性 平均余命 | 女性 死亡率 | 女性 平均余命 |
|---|---|---|---|---|
| 55 | 0.40% | 28.34年 | 0.20% | 33.79年 |
| 60 | 0.64% | 23.97年 | 0.30% | 29.17年 |
| 65 | 1.03% | 19.83年 | 0.43% | 24.63年 |
| 70 | 1.69% | 15.96年 | 0.69% | 20.21年 |
| 75 | 2.68% | 12.41年 | 1.15% | 15.97年 |
| 80 | 4.49% | 9.18年 | 2.18% | 12.01年 |
| 85 | 8.18% | 6.46年 | 4.50% | 8.51年 |
| 90 | 14.54% | 4.41年 | 9.28% | 5.71年 |
| 95 | 23.68% | 2.94年 | 17.74% | 3.64年 |
| 100 | 36.99% | 1.89年 | 30.62% | 2.29年 |
| 101 | 40.18% | 1.73年 | 33.63% | 2.09年 |

※出典：厚生労働省『令和元年簡易生命表の概況』

## ▶ 大数の法則とは？ 〔図2〕

最初はデータ上の確率（実証的確率）が偏っていても、ある事象を何回も繰り返せば、その事象の理論的確率に限りなく近づいていくという法則。

実際にサイコロを10回投げても、出る目は偏る。

しかしサイコロ投げを何千回も繰り返せば、理論的確率に近づいていく。

なるほど！とわかる　統計学のしくみ　**1章**

# 花粉の飛散量は
# どうやって予測するの？

なるほど！ 過去のデータとスギ雄花（おばな）の生育で**相関分析**。
**前年夏の気象条件**などが重要！

　花粉症の人にとって、**花粉の飛散量**の多い少ないは重要な情報です。気象庁は、毎年2月頃から春に飛散するスギ花粉量の予測を発表しますが、これはどのようなしくみで予測されるのでしょうか？

　スギ花粉の飛散量は、スギ雄花の花粉生産量によります。花粉生産量がどのような原因で増減するのかを調べる研究の際に使われるのが、統計の**「相関」**です。スギ雄花の生育は、前年夏の気象条件に大きく影響されます。平均気温、降水量など、どの気象条件がスギ花粉量に関係するか、過去のデータから得られた仮説を統計的に分析して、研究者は結論を得るのです。

　ちなみに、**平均気温が高く、日照時間が長く、降水量の少ない夏にスギ雄花の花粉生産量が多くなり、翌春の飛散量が多くなる**ことがわかっています。スギ花粉の飛散量とそれぞれのデータを見ると、正の相関があることがわかります〔**図1**〕。

　ちなみに、**スギ花粉の飛散がはじまる時期の傾向も過去のデータの分析からわかっています**。花粉飛散のはじまる日は、1月1日からの最高気温を足していった数で求められ、おおよそ累積最高気温が400〜500℃になると、スギ花粉の飛散がはじまると分析されているのです〔**図2**〕。

# 花粉の飛散量は相関分析で判断

## ▶ 花粉の飛散量を予測〔図1〕

花粉飛散量と前年夏の気象条件が相関していることが、散布図からわかる。

**甲府市の花粉飛散量と夏の日射量の関係**

|  | スギ花粉飛散量（個／cm²） | 6〜8月平均日射量（MJ/m²） |
|---|---|---|
| 2005年 | 4827.3 | 17.4 |
| 2006年 | 452.5 | 16.5 |
| 2007年 | 870.8 | 18.6 |
| 2008年 | 2733.7 | 19.1 |
| 2009年 | 3288.2 | 17.6 |
| 2010年 | 548.5 | 20.1 |
| 2011年 | 5089.4 | 17.9 |
| 2012年 | 1404.9 | 19.3 |
| 2013年 | 5402.3 | 18.5 |
| 2014年 | 1059.3 | 17.7 |
| 2015年 | 1206.2 | 18.3 |
| 2016年 | 2295.2 | 19.7 |
| 2017年 | 1922.4 | 19.6 |
| 2018年 | 2909.3 | 21.3 |
| 2019年 | 6308.9 | 17.5 |

※出典：気象庁

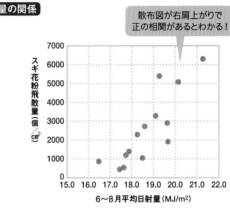

散布図が右肩上がりで正の相関があるとわかる！

両者には正の相関（⇒ P149）があり、平均日射量が多ければ、翌年の飛散量が多くなる関係といえる。

## ▶ 花粉飛散の開始日のしくみ〔図2〕

過去の気象データより、1月1日からの毎日の最高気温の累積温度が一定値を超えると花粉の飛散がはじまる傾向がある。

**甲府市のスギ花粉飛散日**

| 飛散開始日 | 1月1日からの累積最高気温 |
|---|---|
| 2015年2月21日 | 472℃ |
| 2016年2月14日 | 449℃ |
| 2017年2月16日 | 467℃ |
| 2018年2月16日 | 396℃ |
| 2019年2月11日 | 437℃ |

日中最高気温を足して400℃超えたら飛散

1/3 6℃ + 1/2 5℃ + 1/1 10℃

甲府市の場合、累積最高温が400〜500℃になった頃に飛散がはじまると分析できる。気候や最高気温は各地で異なるため、累積最高気温は各地で異なる。

なるほど！とわかる　統計学のしくみ **1章**

# スマホでわかる?
# リアルタイム人口統計

**なるほど!** 基地局エリア内の**携帯端末**の数をもとに、
エリア内の**人口**を**推計**するしくみ!

　主要駅の人出の変化や、人の移動を測ったニュースを見ることがありますよね。これは、どうやって数えているのでしょうか?

　これは**「リアルタイム人口統計」**と呼ばれるのですが、携帯端末の情報をもとに調べられています。携帯電話やスマホといった携帯端末の普及率は、いまや約84%。一人一台という勢いで普及しています。そんな**携帯端末のもつビッグデータを利用して、特定エリアの人口を数えている**のです。

　携帯電話の基地局は、端末に電話やメールを着信させるため、エリア内の携帯電話を定期的に把握しています。リアルタイム人口統計では、まず、電話番号など個人を識別できる情報を消去したうえで、基地局内の携帯電話の台数を数えます。その数字をもとに、各携帯電話事業者のシェア（市場占有率）を掛け合わせ、国勢調査による人口統計も参照して、エリアの人口を推計するのです〔**右図**〕。

　携帯端末を用いた人口統計データは**24時間365日、10〜15分ごとに提供**されます。このしくみを使って主要駅の昼間人口、夜間人口を割り出したり、地図上で滞在人口と移動人口を追ったりもできます。性別や年代といった属性を用いてデータを処理することもでき、町づくり、防災計画、商圏調査で活用されています。

# スマホを使って都市の人口を集計

## ▶携帯端末による人口調査

基地局の電波が届くエリアの携帯端末の数を数え、その数値をもとに、各携帯電話事業者のシェアや人口統計を参照し、エリア内の人口を計算する。

1 基地局は、常にエリア内に携帯電話が何台あるか把握している。

2 携帯電話のもつ電話番号や生年月日などの個人情報を消去し、個人が識別できないデータに変換。

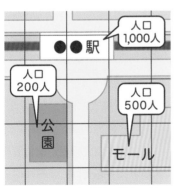

3 それぞれの位置情報を地図に当てはめる。携帯電話のシェアなどをもとに、推計人口を割り出す。

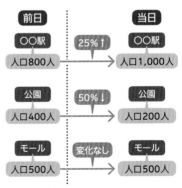

4 導き出された推計データを比較して、主要駅の人出の増減を割り出している。

075

なるほど！ とわかる 統計学のしくみ **1**章

# 27
[活用例]

# 学力のものさし?「偏差値」のしくみ

 **なるほど!** 偏差値は、ある集団の中での自分の学力。平均からどのくらい離れているかの指標！

全国模試の成績表などで見られる**「偏差値」**。試験を受けた集団のなかで、自分の学力がどの位置にいるのかを知ることのできる指標です。どのようなしくみなのでしょうか？

各模試では、テストごとに難易度が変わります。そのため、平均点も各受験生の点数のばらつきもさまざまで、単純に自分の点数や結果だけでは、学力が上がったのか下がったのかわかりません。

そこで、**自分の点数が集団の平均値よりどれくらい高い（低い）点数なのかの判断基準とするため、偏差値を用いる**わけです。

偏差値は、各生徒の点数、集団の平均点、そして点数のばらつき（＝標準偏差➡P102）から求められます。計算式では、成績をイメージしやすくするために、テストの平均点が偏差値50になるよう、そして標準偏差が10になるよう値を**標準化**（➡P104）しています〔**右図**〕。つまり、自分のとった点数が**受験者全体の平均点だと、偏差値50**になります。

偏差値は、テストを受けた集団における、自分の相対的位置を知るための指標であるため、どんな人がテストを受けているかによって、大きく偏差値は変わります。例えば、全国模試と校内テストとで偏差値の増減を比較しても、参考にはなりません。

# 偏差値の平均値は <u>50</u>

## ▶ 偏差値とは

偏差値は、受験者の学力測定の数値として用いられる。例えば、大学受験の模擬試験の得点が、受験者全体のなかでどのくらいの成績かが偏差値で示される。

### あるクラスの国語のテスト

| | 点数 | 偏差値 |
|---|---|---|
| 生徒1 | 48 | 38 |
| 生徒2 | 80 | 62 |
| 生徒3 | 50 | 39 |
| 生徒4 | 68 | 53 |
| 生徒5 | 75 | 58 |
| 生徒6 | 48 | 38 |
| 生徒7 | 90 | 69 |
| 生徒8 | 70 | 54 |
| 生徒39 | 80 | 62 |
| 生徒40 | 76 | 59 |
| 平均点 | 64.2 | |
| 標準偏差 | 13.3 | |

### 偏差値を求める計算式

$$偏差値 = 50 + 10 \times \left( \frac{生徒の点数 - 平均点}{標準偏差} \right)$$

### 標準偏差の求め方

$$標準偏差 = \sqrt{\frac{(生徒の点数 - 平均点)^2 の総和}{生徒の人数}}$$

### 例 生徒7の偏差値の求め方

$$50 + 10 \times \left( \frac{90 - 64.2}{13.3} \right) = 69$$

## 点数の分布図

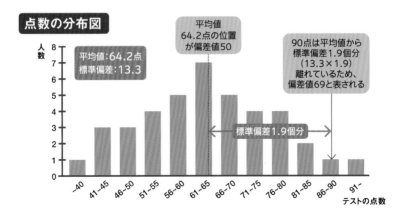

平均値：64.2点
標準偏差：13.3

平均値
64.2点の位置
が偏差値50

90点は平均値から
標準偏差1.9個分
（13.3×1.9）
離れているため、
偏差値69と表される

標準偏差1.9個分

人数

テストの点数

# Q 偏差値は100を超えることもありえる?

| ありえる | or | ありえない |

ある模擬試験で「偏差値が100を超える生徒が現れた!」といううわさが立ちました。全国模試などでよい成績を取ったときでも、せいぜい偏差値75くらいになることが多い中、この「偏差値100超え」の情報は本当でしょうか?

ザワ… ザワ…

　偏差値は、**受けたテストの全体の平均点と点数のばらつきから割り出される数値**です（➡P77）。偏差値100超えがありえるかどうかは、例を見ながら考えるとすぐにわかります。

　例えば、40人のクラスで試験を行ったところ、0点が19人、10点が20人、50点が1人…という結果が出たとします。この

## 偏差値が100を超える？ 〔図1〕

生徒19人
0点
→偏差値43

生徒20人
10点
→偏差値54

生徒1人
50点
→偏差値101

40人の試験で
平均点は
6.25点
標準偏差は
約8.57点

ときの平均点は6.25点、標準偏差は約8.57点となります。

77ページの計算式で計算すると、50点を取った人の偏差値は101となるのです〔図1〕。さらにこの場合、0点なのに偏差値は43と出てしまいます。0点なのに偏差値が出る…となるので、このような場合の偏差値は、あまり成績の参考にはならないでしょう。

このように、**その試験で各学生の点数があまりばらつかず、一方で自分が平均点からかけ離れた点数が取れた**なら、偏差値100以上もありうるのです。得点の分布が、極端な形をとる場合、といえますね。偏差値の数値に上限と下限はないので、**マイナスの値が出ることもあります**〔図2〕。ちなみに、実際の模試でも偏差値100超えは出るようです。何百人も受ける模試では、極端に平均点が低くなるとき、上位で偏差値100を超えることも珍しくはないようです。

## 偏差値がマイナスに？ 〔図2〕

生徒19人
90点
→偏差値45

生徒20人
95点
→偏差値57

生徒1人
70点
→偏差値-1

40人の試験で
平均点は
92点
標準偏差は
約4.3点

こんなにわかる！ 統計のしくみと使われ方 **1章**

# 28 [活用例] 平均所得と平均寿命には何か関係がある?

**なるほど!** 散布図で2つの変数の「相関」を見ると、平均所得が高いほど平均寿命が長いとわかる!

統計では、2つの量的変数の関係を求める場合、**「相関」**というしくみを使います（➡P148）。**右図**は、スウェーデンの統計学者ロスリングが作成した、各国の平均寿命と平均所得の関係をグラフ化したものです。このグラフは**「散布図」**の一種でバブルチャートと呼ばれます。このグラフからは、x軸の平均所得が増加するとy軸の平均寿命も増加する傾向が見てとれるので、**「正の相関」**（➡P149）があることが示されています。

そして、右のグラフ全体を俯瞰して見てみると、**1人当たりの所得が高いほど、基本的には平均寿命が長くなる傾向にある**ことが見てとれます。

また、丸の近くを通るように直線を引く（回帰直線➡P152）と、さらにわかることもあります。例えば、アメリカは所得が高い割に平均寿命が低い位置にあること、コロンビアは所得は平均ながら長寿の国だ…などといったことが、ひと目で見てとれるのです。

過去のデータを加えれば、**時系列で相関図の丸がどのように動いていくのかも見てとれます。**参考までに、日本の平均寿命と平均所得の推移を追加しましたが、この日本の推移のように、世界中の国々が右上に動いていくことも、散布図からわかるのです。

# 相関は「散布図」だとよくわかる

## ▶ 平均寿命と平均所得の関係 (2020年)

1人当たりの平均所得が高い国ほど、平均寿命は長くなる傾向にある。

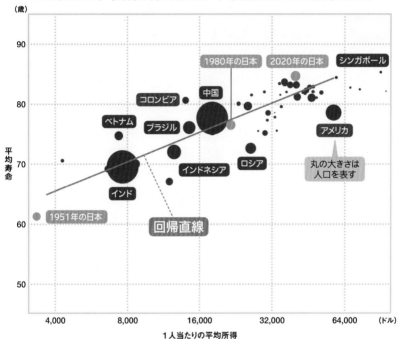

上のグラフでは、1951年からの日本の推移も追加している。第二次世界大戦終戦直後の1950年頃は平均所得も平均寿命もかなり低い。1980年頃は現在の中国の位置にあり、次第に成長したことがわかる。

※出典：Gapminder (www.gapminder.org)

# 29
[活用例]

# 統計でワインの価格がわかるってほんと?

なるほど!

回帰分析を使った「**ワイン方程式**」で、
**ワインの品質が予測**できる!

　フランスのボルドーワインは熟成されると味がよくなり、そのため評価の高いビンテージワインは投機取引もされるほどです。1980年代ごろ、アメリカの統計学者アッシェンフェルターは、そんな**ビンテージワインの価格予測に挑戦**しました。

　同じメーカーが同じ場所、同じ方法でつくったワインでも、製造された年代ごとに価格がばらつきます。また、ワインの原料はブドウなので、果実の品質はその成長期の天候にも影響されるため、アッシェンフェルターは、この点に注目しました〔**図1**〕。

　つまり、**ブドウの品質アップには、成長期に暑くて乾燥した気候であることが影響する**と考え、製造者の協力を得て、「各年代のビンテージワインの価格」に対して、「ブドウ成長期の平均気温」「収穫期の降雨量」「前年冬の降雨量」を**回帰分析**（➡P152）したのです。そこからアッシェンフェルターは、ビンテージワインの価格を予測する**「ワイン方程式」**を導き出したのです〔**図2**〕。

　ある年、ワイン方程式で算出した結果と、ワインの評論家の間で、1986年のボルドーワインの評価が食い違いました。その結果、アッシェンフェルターの予測が正しいことがわかり、データを集めればワインの評論家でなくとも予測できることを証明したのです。

# ワインの品質はブドウの品質で決まる

## ▶ ワインの品質は何で決まる? 〔図1〕

ワインの品質の良し悪しには、天候の条件が重要。アッシェンフェルターは、1952～1980年物のビンテージワインの価格と、夏の気温および降水量を散布図に落とし込んで考えた。

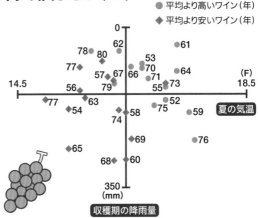

● 平均より高いワイン（年）
◆ 平均より安いワイン（年）

夏の気温

収穫期の降雨量

## ▶ ワイン方程式 〔図2〕

> ワインの価格は、対数（指数）で表され、「1961年のビンテージワインの平均価格」の0を基準に0に近ければ価格は高く、マイナスなら安くなる

「3つの気象条件」と価格決定に大きく影響する「ワインの年齢」に対する「ビンテージワイン価格」を回帰分析して回帰係数を求め、ワインの価格を予測する方程式を導き出した。

$$\log\left(\frac{\text{ある年のビンテージワインの平均価格}}{\text{1961年のビンテージワインの平均価格}}\right)$$

切片　回帰係数
$= -12{,}145 + 0.001167 \times$ 前年冬の降雨量 (10~3月)

回帰係数
$-0.003860 \times$ 収穫期の降雨量 (8、9月)

回帰係数
$+0.6164 \times$ ブドウ成長期の平均気温 (4~9月)

回帰係数
$+0.02385 \times$ 年数 (1983年を0とする)

※出典：Orley Ashenfelter,David Ashmore &Robert Lalonde「Bordeaux Wine Vintage Quality and the Weather」

# 30 [活用例] ある湖の魚の数を統計学で調べられる?

**なるほど!** 捕獲した魚に目印をつける「**捕獲再捕獲法**」で、湖の魚の数はある程度推定できる!

　日本人の人口などは、国勢調査で調べることができますが、野山を活発に動き回る生物の数を数えるのはなかなか困難です。直接数えられない場合、統計学では推定を行います。いろいろな方法がありますが、ここでは「**捕獲再捕獲法**」を見てみましょう。

　**捕獲再捕獲法とは、一部の個体を捕まえて、全体の個体数を推測する推定法**です。コイを例にすると、まず湖にいるコイを適当な数だけ捕まえて、目印（標識）をつけてから湖に戻します。しばらく期間をおいてから、また適当な数のコイを捕まえて、その中に前回目印をつけたコイがどれくらいいるのかを調べます。

　このとき、**右図**のように「湖全体のコイの数（母集団）に占める目印つきコイの割合」と「2回目に捕獲したコイの数（標本）に占める目印つきのコイの割合」が一致すると考え、そこから湖全体のコイの数を算出するのです。**一部の個体数を数えて、全体の個体数を推定する標本調査のしくみ**（➡P108）が用いられるのです。

　捕獲再捕獲法は出生数が多い、生育場所から頻繁に出入りするなど、個体数が大きく変化する生物には使えません。また実験の際、捕獲されやすい魚と捕獲されにくい魚も存在するでしょう。このような偏りを補正して、実際の頭数調査は行われています。

# 標本調査のしくみで魚を数える

## ▶ 捕獲再捕獲法による湖のコイ数の推定

### ❶ 湖全体にコイは何匹？

湖全体にコイが何匹（N匹）いるかを考える。

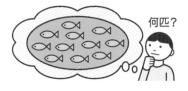

### ❷ コイを捕獲

湖からコイを捕獲して、目印をつける。

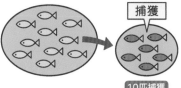

捕獲

10匹捕獲

### ❸ コイを戻す

目印をつけたコイを湖に戻す。

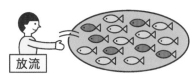

放流

池に戻したコイが池のコイと
よく混ざったあとで❹の再捕獲を行う！

### ❹ コイを再捕獲

湖から再びコイを捕獲して、目印のついた
コイを数える（3匹いたとする）。

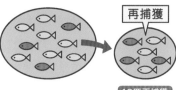

再捕獲

12匹再捕獲

### ❺ 湖全体のコイを計算する

「再捕獲した目印のついたコイ3匹」と「再捕獲したコイ12匹」の割合と、「湖全体の
コイN匹」と「目印をつけたコイ10匹」の割合との比は一致する。

目印をつけたコイ　　　　再捕獲した目印のついたコイ

母集団と
標本の割合は
同じ！

$$母集団 \frac{10}{N} = \frac{3}{12} 標本$$

➡ N＝40匹
と推定！

湖全体のコイ　　　　　再捕獲したコイ

# 31
[活用例]

# 母子手帳の身体発育曲線。これも統計によるもの?

**なるほど!** 過去の**乳幼児のデータの集積**からつくられた、子どもの成長の目安を確認するグラフ!

　子どもを妊娠すると、自治体より母子健康手帳が交付されます。その中には**「乳幼児身体発育曲線」**というグラフが掲載されています。**右図**はその男子用のグラフですが、これも統計データに基づいてつくられています。

　乳幼児身体発育曲線とは、乳幼児の成長の目安を示すものです。このグラフは、厚生労働省の調査をもとにつくられており、全国の乳幼児から抽出した身体測定データを、パーセンタイル値に分布して描いたものです。**パーセンタイル値とは、データを小さい順から数えて〇%に位置する値を指すもの**です〔**右図**下〕。3パーセンタイルは小さい方から数えて3%目にあたる身長・体重の数値。50パーセンタイル値は中央値（⇒P100）を指し、3～97%の曲線の間には全体の94%が含まれていることになります。

　つまり、100人の子どもがいたら、そのうち94人の子どもの身長や体重の数値が帯の中に入るように描かれています。子どもの月齢・年齢に応じて身長・体重の数値を描き入れていき、おおよそこの範囲に収まっていれば健康に成長している…とする目安の指標となります。ちなみにこの発育曲線は、乳幼児以外にも、18歳までのものが用意されています。

## ▶ 乳幼児身体発育曲線とは？

身長と体重の身体発育値（3、10、25、50、75、90、97パーセンタイル値）を分布図にしたもの。

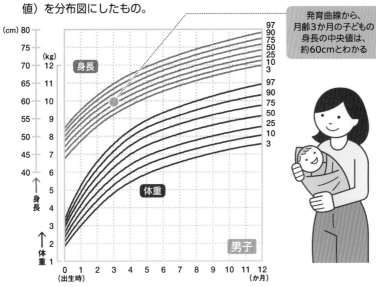

発育曲線から、月齢3か月の子どもの身長の中央値は、約60cmとわかる

用語Column

【パーセンタイル値とは？】 データを小さい順に並べたとき、小さい方から数えて○%の位置にある値を示すもの。

3パーセンタイル　　　　　　　　　　　　97パーセンタイル

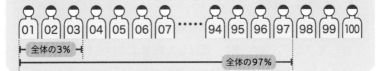

01 02 03 04 05 06 07 ‥‥‥ 94 95 96 97 98 99 100

全体の3%

全体の97%

※出典：厚生労働省「乳幼児身体発育評価マニュアル」

# 明日 話したくなる 統計の話 6

# 情報の断片から予想！「ドイツの戦車問題」

標本調査には、本書で紹介してきた大きな標本から母集団を推定するもののほか、**断片的な標本から推定する方法**もあります。

第二次世界大戦中のことです。連合軍はドイツの戦車に苦しめられました。そのため連合軍は、ドイツが戦車を月に何台つくれるのかを調べようとしました。

連合軍は、捕獲した戦車の部品についているシリアル番号に目をつけます。シリアル番号とは製造番号のことで、1からつけられた通し番号です。連合軍は、**捕獲した戦車につけられたシリアル番号をもとに、戦車の総生産数をある数式から正確に見積もりました。**

## ドイツの戦車問題の公式

$$\text{母集団の数} = m + \frac{m}{n} - 1$$

サンプルサイズ
（シリアル番号の最大値）

$\dfrac{m}{n} - 1$
これで
シリアル番号間の
平均間隔を求める

（戦車の総生産数）

サンプル内の最大値
（シリアル番号の最大値）

サンプルサイズ
（捕獲した戦車の数）

**例** 7台の戦車を捕獲し、それぞれのシリアル番号が「64」「116」「195」「211」「222」「259」「287」だった場合、戦車の総生産数はいくつと見積もられる？

No.64　No.116　No.195　No.211　No.222　No.259　No.287

$$\text{戦車の総生産数} = 287 + \frac{287}{7} - 1 = \mathbf{327}\text{台}$$

戦後になってドイツ側の資料と比べたところ、その推定値は見事にほぼ的中していたそうです。

どんなやり方で、総生産数を推定したのでしょうか？

連合軍は、捕獲した戦車のシリアル番号の「平均間隔」に注目しました。捕獲した戦車の中で、シリアル番号の最大値は、戦車の総生産数に近いはずと推測。その最大シリアル番号に、捕獲した戦車のシリアル番号の平均間隔を加えることで、総生産数を見積もったのです。

計算式は、「捕獲した戦車の数」と「捕獲した戦車におけるシリアル番号の最大値」から求められる、とてもシンプルなものです〔**上図**〕。この推定法は、**「ドイツの戦車問題」**と呼ばれています。戦時中には戦車のほか、ミサイルの生産個数を導き出すなど、広く活用されたそうです。

統計の偉人

# 人口動態に、ある規則性を発見
# ジョン・グラント
（1620 – 1674）

　グラントは、人間の出生・死亡といったものにまつわる規則性を発見し、人口調査の統計学的研究の先鞭をつけたことで知られています。

　グラントはロンドンに店をかまえる裕福な商人でした。人に好かれる公正な人柄で、商売のトラブルの仲裁人から市議会議員まで幅広く行い、市民革命のときは軍の将校としても活躍した人物です。商人として活動するうちに、彼は教会に保存されていた死亡表の研究を行うことになります。

　ロンドンでは、教区ごとに出生、死因、埋葬数を記録した「死亡表」を毎週配布していました。グラントは、もっと社会に役立つようこの死亡表をひとまとめに整理・分析し、その成果をまとめた『死亡表に関する自然的および政治的諸観察』という書籍を刊行。肺病といったある種の死因が総死者数に対していつも一定の比率を保つこと、男子の出生数が女子より多いことなど、死亡表の統計からいくつかの規則性を発見したのです。

　また、人間の寿命の分布を死亡生残表という形でまとめ、これが現在の「生命表（➡ P70）」の原型といわれます。

　このグラントの成果は、彼の友人であるウィリアム・ペティの「政治算術（統計学的に社会を把握・予測し、国力を測る手法）」「人口統計学」にもつながり、両者の創始者とも呼ばれます。

# 2章

## 知見が広がる！
# 統計学の見方と
# キーワード

ある集団の特徴を調べたり、一部から全体の特徴を
調べたりなど、統計の役割はさまざまです。
この章では、統計学のキーワードとその内容を知ることで、
統計学の見方・考え方に触れていきます。

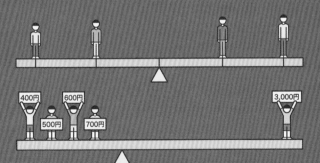

# 32 使い方に注意？ 統計に 必須のグラフの特徴①

[基礎]

**なる ほど!** 棒グラフと折れ線グラフは数値の量や変化を、 円グラフと帯グラフは割合を見る！

　データは、集めただけでは単なる数字の集まりにすぎません。分析をするには、データを視覚化し、数字だけでは直観しづらい情報を読み取る必要があります。そのため、統計学においては「グラフ」が非常に重要となります。それぞれのグラフにどのような特徴があるのか、ここでは、代表的な４つのグラフを見てみましょう。

　**「棒グラフ」は、単純に数値を比較**するのに適したグラフです。棒の高低がそのままボリュームとなるため、ひと目でデータの大小が把握できます〔➡**右図** 1 〕。

　**「折れ線グラフ」は、対象となるものの時間による数値の変化**がひと目でわかります。時間を追って記録したデータを「時系列」といいますが、折れ線グラフは、この時系列を示すのに適したグラフといえます〔➡**右図** 2 〕。

　**割合を円で表したものが「円グラフ」**です。円全体が100％を表し、データ値の割合は扇形の中心角に比例。扇形の面積で割合の大小がわかるので、構成比を示す際などに有効です〔➡**右図** 3 〕。

　**「帯グラフ」は、データ全体に対する、ある項目の割合**を見るのに向いています。複数のデータでも、項目の長さをそろえて並べれば、それぞれの構成比を比較することができます〔➡**右図** 4 〕。

# 数値では直観しづらい情報をグラフで見る

## ▶ おもなグラフの種類①

### 1 棒グラフ

タテ軸にデータ量をとり、棒の高さでデータの数値を表したグラフ。データの大小を比較するのに向いている。

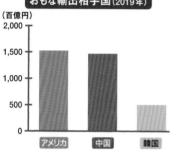

**おもな輸出相手国**(2019年)

(百億円)

### 2 折れ線グラフ

ヨコ軸に時間、タテ軸にデータ量をとり、それぞれのデータを線で結んだもの。折れ線の動きでデータの変化を観察できる。

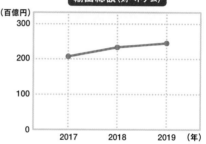

**輸出総額**(対ベトナム)

(百億円)

### 3 円グラフ

円全体を100%として、その中に占める割合を扇形で表すグラフ。扇形の面積の大小で、構成比を示すのに向いている。

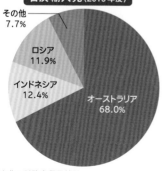

**石炭輸入先**(2019年度)

その他 7.7%
ロシア 11.9%
インドネシア 12.4%
オーストラリア 68.0%

※出典：財務省貿易統計

### 4 帯グラフ

データ全体に対する、ある項目の割合を表したもの。長さをそろえた棒を並べて、それぞれの構成比が比較できる。

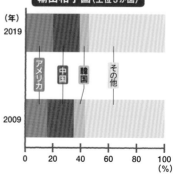

**輸出相手国**(上位3か国)

# データを整理? 統計に必須のグラフの特徴②

**柱状グラフ(ヒストグラム)、散布図、箱ひげ図、レーダーチャートを用途・目的に合わせて使う!**

92ページでは普段よく見るグラフを紹介しましたが、ここでは、ふだんあまり見ない、珍しい形のグラフを紹介します。

**「柱状グラフ(ヒストグラム)」は、例えば身長や貯金額のような、連続する同質なデータの分布密度**を示すときに使われます。棒グラフに似ていますが、棒の面積は度数(ある階級に当てはまるデータの個数)を表し、高さはデータの分布密度を表します〔➡**右図** 1〕。

**「散布図」は、2つの項目の関係を表す相関**(➡P148)を分析するときに使うグラフです。タテ軸とヨコ軸にそれぞれの項目を入れて、データが当てはまるところに点を打ちます。その点の配置から、2つのデータ値の関係を調べるのです〔➡**右図** 2〕。

**「箱ひげ図」は、データ値のばらつき**を見るためのグラフです。記述統計や推測統計などで用いられ、前者の場合、2つのクラスの平均身長など、2つの異なるデータのばらつきを比較できます。箱の部分は四分位数(データを4等分したときの区切りの値)を、ひげの両端は最大値と最小値を表します〔➡**右図** 3〕。

**「レーダーチャート」は、92ページで紹介した棒グラフを環状にして見やすくしたもの**。中心から放射状に伸びる棒グラフの形で描きます〔➡**右図** 4〕。「鶏のとさかグラフ」(➡P165)もその一種です。

# ばらつきや相関を表すグラフもある

## ▶ おもなグラフの種類②

### ❶ 柱状グラフ（ヒストグラム）

データの分布密度を見る。ヨコ軸にデータの階級を、タテ軸にデータの分布密度をとり、面積はデータの個数に比例させる。

**国語試験の得点分布**

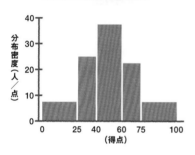

### ❷ 散布図

2つのデータの関係を見るグラフ。ヨコ軸とタテ軸に別々のデータを入れ、データの当てはまる部分に点を打つ。

**国語と数学の成績の散布図**

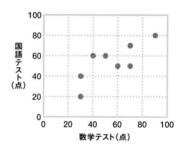

### ❸ 箱ひげ図

データが複数あるとき、それらのデータのばらつきを比較できる。箱の部分にデータは集中し、両端は最大値、最小値を示す。

**1組と2組の成績の比較**

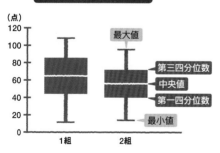

### ❹ レーダーチャート

棒グラフを環状にして、中心から放射状に棒グラフを伸ばしたもの。外に行くほど高い（よい）数値となる。

**生徒Aの成績比較**

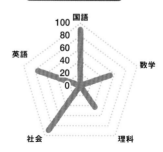

# 「平均」は、ただ足して割るだけじゃない?

**なるほど!** 平均値は、**集団の代表値**のひとつで平均にもいくつかの種類がある!

統計では、さまざまな「平均」の考え方があります。どのようなものか見てみましょう。

**平均とは、言葉通り「平らに均した値」のこと**。例えば、すべてのデータ値をシーソーの上に乗せたとき、左右が釣り合う支点の位置が平均値となります〔**図1**〕。

平均値にはいくつかの種類があります。まず「単純（非加重）平均」と「加重平均」を見てみましょう。「単純平均」は、すべての値に、なんら手を加えないで求められる平均値。一方、「加重平均」は各数値に「重み」を加えた平均値です。

加重平均では**各項目の条件の違いを考慮して、それぞれの項目のもつ"重み"を加えてから平均値を計算します**〔➡P98**図2**〕。重みとは、それぞれの数値につける軽重の度合いのこと。例えば、「株価の平均値」では、企業の時価総額はそれぞれ異なるため、それを重みとしてそれぞれの株価に掛け合わせ、平均値を割り出します。

さて、平均値には、扱う項目によっていくつか種類があります。**「算術平均」は、すべての値の合計を、集めたデータの数で割り算して**求めるもの。通常、「平均」といえば、これをイメージすることが多いでしょう〔➡P98**図3**〕。

## ▶ 平均とは何か?〔図1〕

平均とは、「平らに均した値」のこと。
シーソーを例にするとイメージしやすい。

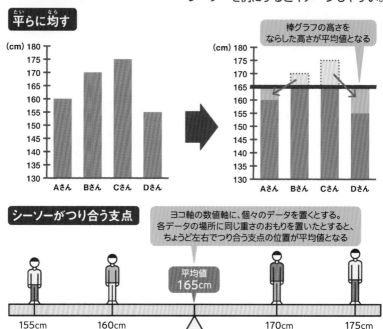

平らに均す

棒グラフの高さを
ならした高さが平均値となる

シーソーがつり合う支点

ヨコ軸の数値軸に、個々のデータを置くとする。
各データの場所に同じ重さのおもりを置いたとすると、
ちょうど左右でつり合う支点の位置が平均値となる

平均値
165cm

155cm　　160cm　　　　170cm　　175cm

　次に「**幾何平均**」〔➡P99図4〕。これは、**変化率の平均を計算するときに用います**。例えば「GDPの年平均経済成長率（➡P26)」や「企業の売上高の伸び率の平均」など。変化率は掛け算で変化していくため、算術平均で計算すると平均値を間違えてしまうのです。

　**「調和平均」は、単位当たりの量の平均を求める際**に用います〔➡P99図5〕。例えば「自宅～会社の往復の平均速度」を求めるとき、往復の時速で単純に算術平均で求めては、かかった時間が考慮されないため、間違ってしまいます。調和平均では、その時間分を考慮して速度の平均値をとるのです。

# 扱う項目によっていくつかの種類がある

## ▶ 加重平均とは？〔図2〕

各項目に重みを加えてから、平均値を割り出す方法。

**Q** 定食店における1食当たりの平均単価は？

| メニュー | 項目x 価格 | 重みw 販売数 |
|---|---|---|
| 日替わり定食 | 650円 | 50個 |
| スペシャル定食 | 1,000円 | 25個 |
| お得定食 | 400円 | 40個 |
| 満腹定食 | 800円 | 20個 |

**加重平均の公式**

定食の価格×販売数をすべて足す

$$平均値 = \frac{x_1 w_1 + \cdots + x_n w_n}{w_1 + w_2 + \cdots + w_n} = \frac{650 \times 50 + \cdots + 800 \times 20}{50 + 25 + 40 + 20} = \mathbf{663}円$$

nは自然数を表す　　　販売数の総和

......

## ▶ 算術平均とは？〔図3〕

すべての値の合計を、データ値の個数で割り算して求めたもの。

**Q** 8人の男性の体重の平均値を求めるには？

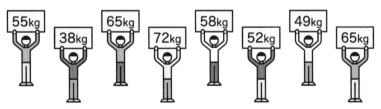

55kg　38kg　65kg　72kg　58kg　52kg　49kg　65kg

**算術平均の公式**

A〜Hさんの体重の総和

$$平均値 = \frac{x_1 + x_2 + \cdots + x_n}{n} = \frac{55 + 38 + 65 + \cdots + 65}{8\ \ 人数} = 約\mathbf{56}kg$$

## ▶ 幾何平均とは？〔図4〕 変化率の平均を計算するときに用いる。

**Q** ある会社の売上について、5年間の平均伸び率を求めるには？

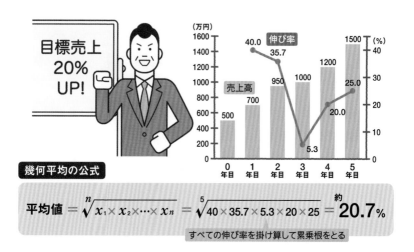

**幾何平均の公式**

$$平均値 = \sqrt[n]{x_1 \times x_2 \times \cdots \times x_n} = \sqrt[5]{40 \times 35.7 \times 5.3 \times 20 \times 25} = 約\,\mathbf{20.7}\%$$

すべての伸び率を掛け算して累乗根をとる

---

## ▶ 調和平均とは？〔図5〕 単位当たりの量の平均を求めるときに用いる。

**Q** 自宅と会社を往復したときの平均時速は？

行き 時速10km

帰り 時速4km

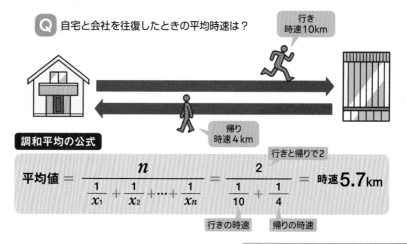

**調和平均の公式**

$$平均値 = \frac{n}{\dfrac{1}{x_1} + \dfrac{1}{x_2} + \cdots + \dfrac{1}{x_n}} = \frac{2}{\dfrac{1}{10} + \dfrac{1}{4}} = 時速\,\mathbf{5.7}\,km$$

行きと帰りで2

行きの時速　帰りの時速

# 35 [記述統計] 「平均値」が「代表値」になるとは限らない?

**なるほど!** 代表値は**平均値**、**中央値**、**最頻値**の３つ。平均値に影響を与える**外れ値**に注意!

　集団を代表する中心的な値を**「代表値」**といいます。普通は「平均値」を指すのですが、実は例外があります。

　例えば、５人の子どものおこづかいを比べるとき、金額が近い４人だけだと平均値は550円ですが、その中に１人だけ3,000円のおこづかいの子どもがいるだけで平均値が跳ね上がり、ほかの４人は平均以下となります。このように、集めたデータの平均から**大きく外れる値を「外れ値」**といいます〔**図1**〕。**平均値はこの外れ値に強く影響を受け、代表値になりにくい傾向**があるのです。

　代表値には、「平均値」以外に**「中央値」**と**「最頻値」**があります。**図2**を例に見ると、平均値は「562万3,000円」ですが、大多数の世帯が平均を下回っています。このような場合に、このグラフの代表値は中央値か最頻値といえるのです。

　**中央値とは、集団の分布のちょうど中央にくる値**です。**図2**では所得を順に並べて２等分した境界値にあたり、中央値は「437万円」。ちょうど中央値を境に左右の世帯数が同じになります。

　**最頻値は、もっとも多く出現している値**のことです。**図2**では柱状グラフ（ヒストグラム）がいちばん高い部分で、全体の13.6%の世帯数がある「200~300万円」の値が最頻値となります。

# 代表値は平均値、中央値、最頻値を指す

## ▶ 平均値は外れ値に影響される〔図1〕

例えば極端に高い値が加わると、支点の位置（平均値）が大きくずれて平均値を上回る人がほぼいなくなり、平均値は集団の代表値とはいえなくなる。

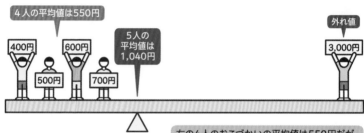

4人の平均は550円

400円　500円　600円　700円

5人の平均値は1,040円

外れ値

3,000円

左の4人のおこづかいの平均値は550円だが、外れ値の5人目が加わると平均値が高くなる

## ▶ 中央値と最頻値〔図2〕

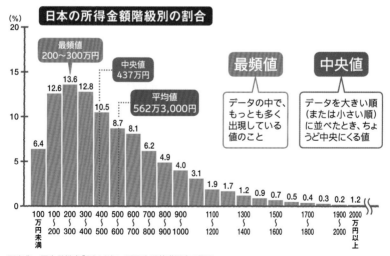

### 日本の所得金額階級別の割合

最頻値 200〜300万円

中央値 437万円

平均値 562万3,000円

**最頻値**
データの中で、もっとも多く出現している値のこと

**中央値**
データを大きい順（または小さい順）に並べたとき、ちょうど中央にくる値

(%)

| 階級 | 割合 |
|---|---|
| 100万円未満 | 6.4 |
| 100〜200 | 12.6 |
| 200〜300 | 13.6 |
| 300〜400 | 12.8 |
| 400〜500 | 10.5 |
| 500〜600 | 8.7 |
| 600〜700 | 8.1 |
| 700〜800 | 6.2 |
| 800〜900 | 4.9 |
| 900〜1000 | 4.0 |
| 1000〜1100 | 3.1 |
| 1100〜1200 | 1.9 |
| 1300〜1400 | 1.7 |
| 1500〜1600 | 1.2 |
| 1700〜1800 | 0.9 |
| 1900〜2000 | 0.7 |
| | 0.5 |
| | 0.4 |
| | 0.3 |
| | 0.2 |
| 2000万円以上 | 1.2 |

※出典：厚生労働省「2019年　国民生活基礎調査の概況」

# 36
[記述統計]

# 「平均」より重要？
# 「ばらつき」と「分散」

 なる
ほど！
平均値からではわからない、
データのばらつきを表す指標！

　統計で、集団の性質を表す**「ばらつき」**や**「分散」**という値。これらは、どういうものなのでしょうか？

　平均（➡P96）だけを見ても、集めたデータが平均あたりに集中しているのか、広く散らばっているのかはわかりません。このとき、**データがどれくらい散らばっているのかを調べる指標が「ばらつき」**で、**それを数値化したものが「分散」**です。

　右図は、おにぎり詰め合わせセットAとBについて調べたものです。おにぎりの重さの平均値からでは、AとBの違いはわかりません。ですが、**分散の数値を見れば、Aの数値の方が大きく、ばらつきが大きいことがわかる**でしょう。

　分散は、それぞれのおにぎりの**「偏差」**から求められます。偏差とは「データと平均値との差」で、セット内のすべてのおにぎりの偏差を求めて、その値を2乗したもの（偏差平方）の平均値が分散となるのです。

　偏差の代表値としては、**分散の平方根**（同じ数字を掛けると√の中の数字になるという計算式）がよく用いられます。これが「標準偏差」です。偏差を単純平均すると、正負が相殺し、0になってしまうので注意が必要です。

# ばらつきを数値化したものが分散

## ▶「分散」はデータの「ばらつき」を表す

分散とは、集めたデータがどれくらい散らばっているのかを示す値。データ値のばらつきが大きいほど、分散の値は大きくなる。

**例** おにぎりセットのAとBの各々のおにぎりの重さ、どちらがばらついている？

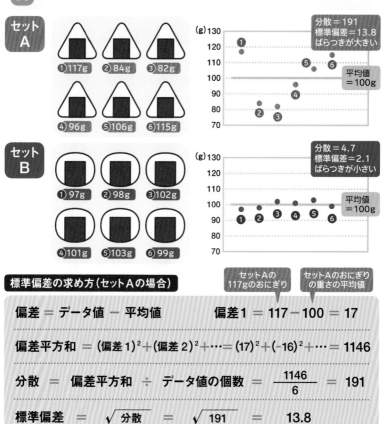

**標準偏差の求め方（セットAの場合）**

偏差 ＝ データ値 － 平均値　　　　偏差1 ＝ 117－100 ＝ 17

偏差平方和 ＝ （偏差1）²＋（偏差2）²＋…＝ (17)²＋(-16)²＋… ＝ 1146

分散 ＝ 偏差平方和 ÷ データ値の個数 ＝ $\dfrac{1146}{6}$ ＝ 191

標準偏差 ＝ $\sqrt{\text{分散}}$ ＝ $\sqrt{191}$ ＝ 13.8

# 37
[記述統計]

# データを比べる指標？「標準偏差」「標準化変量」

**なるほど！** 「標準偏差」と「標準化変量」で、2つのデータの「分散」を比較できる！

**「標準偏差」**（⇒P102）とは、**データと平均値との差を示す値**です。ある学校の生徒100人の試験結果を例に考えてみましょう。

国語と算数の試験、平均点は同じ50点でした。国語の試験は全員が50点。この場合、生徒の点数はちらばっておらず、標準偏差は0。一方、算数の試験では半数が0点、半数が100点でした。双方とも平均点から「50」離れており、標準偏差は50となります。

複数のデータを比べるとき、**「標準化変量」**が便利な指標です。ある生徒が、数学テストで70点、国語テストで70点を取りました。両テストとも平均点は50点。どちらの方が成績がよいか、単純に点数では比べられません。これを「標準化」すると、どちらの方が生徒全体の中で成績がよいかがわかります〔**右図**上〕。数学の70点の標準化変量は0.98、国語の70点の標準化変量は1.64と求められ、国語の方がより平均から遠い＝クラスの上位とわかるのです。

このように、**複数のデータを比べやすいように、平均値と標準偏差をそろえることを「標準化変量」といいます。**

そしてこの計算を応用したのが、偏差値となります〔**右図**下〕。標準化変量では、平均は0、標準偏差は1となるよう変換しますが、偏差値では、平均50、標準偏差10となるよう変換されます。

# 標準化変量でちらばりを比較

## ▶ 標準化変量と偏差値

異なるデータ間の比較が簡単になる。
偏差値は標準化変量の応用である。

**例** 生徒Aの国語の成績と数学の成績、どちらの方がよい成績?

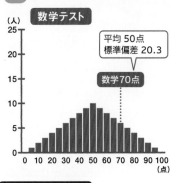

数学テスト
平均 50点
標準偏差 20.3
数学70点

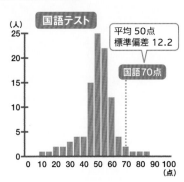

国語テスト
平均 50点
標準偏差 12.2
国語70点

### 標準化変量の公式

$$標準化変量 = \frac{x - \bar{x}}{\sigma}$$

点数(変量)　平均値　標準偏差

**数学70点の標準化変量** $\dfrac{70 - 50}{20.3} = 0.98$

**国語70点の標準化変量** $\dfrac{70 - 50}{12.2} = 1.64$

### 偏差値の公式

$$偏差値 = 50 + 10 \times \frac{x - \bar{x}}{\sigma}$$

点数(変量)　平均値　標準偏差

**数学70点の偏差値** $50 + 10 \times \dfrac{70 - 50}{20.3} = 59.8$

**国語70点の偏差値** $50 + 10 \times \dfrac{70 - 50}{12.2} = 66.4$

➡ **国語の方が平均から遠い＝上位とわかる!**

# Q 一攫千金を得るなら どっちのギャンブル？

| ゲームＡ | or | ゲームＢ | or | どっちも 同じ |
|---|---|---|---|---|

サイコロを振り、出た目で賞金がもらえるゲームＡとＢがあります（参加料1回3,500円）。賞金の総額は同じですが、もらえる賞金が目によって変わります。手持ちのお金4,000円を6,000円以上にしたいとき、どちらを選ぶべきでしょうか？

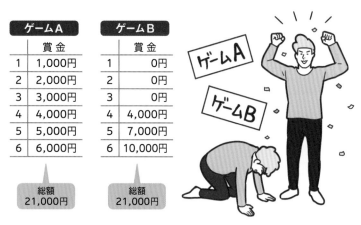

| ゲームＡ | |
|---|---|
| | 賞金 |
| 1 | 1,000円 |
| 2 | 2,000円 |
| 3 | 3,000円 |
| 4 | 4,000円 |
| 5 | 5,000円 |
| 6 | 6,000円 |

総額
21,000円

| ゲームＢ | |
|---|---|
| | 賞金 |
| 1 | 0円 |
| 2 | 0円 |
| 3 | 0円 |
| 4 | 4,000円 |
| 5 | 7,000円 |
| 6 | 10,000円 |

総額
21,000円

ギャンブルで勝つのはむずかしいものです。手持ちを4,000円から6,000円以上にするには、どちらがよいのでしょうか？

まず、ゲームＡとゲームＢの期待値と標準偏差を求めてみます〔**右図**〕。ゲームＡの期待値は3,500円、標準偏差は約1,700円。一方、ゲームＢの期待値は3,500円、標準偏差は約3,900円です。

ここでの期待値とは、ゲームを無限に繰り返したとき、1回当たり平均して受け取ることができる賞金額のこと。ゲームを繰り返せば、大数の法則（⇒ P114）によって、受け取る賞金は期待値に近づきます。ちなみに両ゲームともに期待値は同じ3,500円です。一方の標準偏差（⇒ P104）は、賞金のばらつきを表します。両ゲームでかなり差がありますが、**この標準偏差の大きさが、ギャンブル性の高さを表す**のです。

　今回は「手持ちの4,000円を6,000円以上に増やしたい」という条件がつきます。多数回繰り返すと期待値に近づくため、ゲーム1回で一攫千金を狙う方が目的にかなうでしょう。

### 各ゲームの期待値は？

| ゲームAの内訳 | | 賞金 | 確率 |
|---|---|---|---|
| | 1 | 1,000円 | $\frac{1}{6}$ |
| | 2 | 2,000円 | $\frac{1}{6}$ |
| | 3 | 3,000円 | $\frac{1}{6}$ |
| | 4 | 4,000円 | $\frac{1}{6}$ |
| | 5 | 5,000円 | $\frac{1}{6}$ |
| | 6 | 6,000円 | $\frac{1}{6}$ |

期待値…3,500円
標準偏差…約1,700円
＝標準偏差が小さい
＝賞金のばらつきが少ない

＝ギャンブル性が低い！

| ゲームBの内訳 | | 賞金 | 確率 |
|---|---|---|---|
| | 1 | 0円 | $\frac{1}{6}$ |
| | 2 | 0円 | $\frac{1}{6}$ |
| | 3 | 0円 | $\frac{1}{6}$ |
| | 4 | 4,000円 | $\frac{1}{6}$ |
| | 5 | 7,000円 | $\frac{1}{6}$ |
| | 6 | 10,000円 | $\frac{1}{6}$ |

期待値…3,500円
標準偏差…約3,900円
＝標準偏差が大きい
＝賞金のばらつきが大きい

＝ギャンブル性が高い！

　つまり、ゲームBで5と6が出ることを願って、1回だけサイコロを振ること。これが一攫千金狙いの正解となります。1〜3が出たら、お金を増やすのをきっぱりあきらめることが大事ですね。

# 38 標本調査は、なぜ全部調べずに特徴がわかる?
[推測統計]

**標本調査は一を聞いて十を知ること!**
**無作為抽出と誤差が信頼度のカギ!**

　　**標本調査では、一部のデータ（標本）から、全体（母集団）を推定**します〔**図1**〕。まさに"一を聞いて十を知る"ですが、なぜすべてを調べずに、精度の高い調査ができるのでしょうか?

　例えば、よくかき混ぜたみそ汁は味が均一になるので、味見は全部飲む必要はなく、1口で十分です。同じように、全国民（母集団）と同じ構成となる**「一部の国民の集団（標本）」を抽出できれば、その集団の意見は全国民の意見と推定できる**のです。

　標本を選ぶとき、抽出者の意志を入れては「母集団の味見」には不適当ですよね。**無作為に選んでこそ、母集団と同じ構成の標本が抽出できる**のです。その際、味見ができるよう母集団すべての要素が選ばれる確率を等しくすることが、無作為抽出の条件なのです。

　以上のような条件を満たしたとしても、調査で知りたい「母集団の真の性質」と「標本の調査結果」との間には、たまたまどのような標本が抽出されたかによる**確率的なずれ（誤差）が出てしまいます**。そのため標本調査では、抽出した標本の確率分布（その値が実現する確率を表したもの➡P124）を知ることが重要になります。標本から得た観測値から、標本の確率分布＝標本分布（➡P110）を求めて、母集団の特徴を推定するのです〔**図2**〕。

## ▶ 標本調査とは？
〔図1〕

無作為に一部のデータ（標本）を取り出し、その標本を観測して得られた値から全体（母集団）の性質を推定する調査方法。

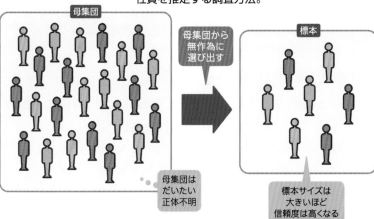

母集団

母集団から無作為に選び出す

標本

母集団はだいたい正体不明

標本サイズは大きいほど信頼度は高くなる

## ▶ 標本調査の重要なポイント〔図2〕

### ❶ 標本を無作為に抽出する

みそ汁の味見と同じように、よくかき混ぜて母集団すべての要素が選ばれる確率を等しくして、標本を抽出することが必要である。

### ❷ 標本から全体を推定する

「母集団の性質」と「標本の調査結果」との間に確率的なずれが生じるため、それをふまえた標本分布を求め、母集団を推定しなければならない。

母集団

標本

# 39 標本調査のキモ?
## [推測統計] 「標本分布」とは?

**なるほど!** 標本分布は、同じ母集団から**偶然どのような標本が抽出されるか**、という確率分布のこと!

　標本調査では、**「標本分布」**を調べることが重要になります。これは母集団が同じでも、そこからたまたまどのような標本が抽出されるか、という**確率的なばらつきのこと**をいいます。

　例えば、ある学年の生徒の平均体重を調べるため、生徒10人ほどの体重データを無作為に抽出したとします。実際の標本調査では標本抽出は1回で済ませますが、やろうと思えば標本は何度でも抽出できます。当然、抽出ごとに10人の集団の顔ぶれは変わるので、その抽出した10人の集団で量った平均体重は、標本ごとにばらつきます。

　このように標本調査で、標本抽出を何度も繰り返していくと、たくさんの異なる標本の平均値が得られることになります。**その値のばらつき方（分布）をグラフにする**ことができるのですが、このときの分布を「標本分布」と呼ぶのです〔**右図**〕。

　標本調査では、標本サイズを大きくしていくと、母集団の分布（母分布といいます）の形にかかわらず、標本平均の分布は、正規分布（➡P112）に近づくという性質があります（中心極限定理➡P114）。そのため、**母分布を復元しなくても、正規分布の性質だけを使って推定を行えることが、標本調査のキモ**なのです。

# 標本の平均値の<u>ばらつき方</u>から得られる

## ▶ 標本分布とは？

母集団から繰り返し抽出された標本の、平均値のばらつき方で表す分布図のこと。

### ① 母集団から標本を抽出する

ある学年の生徒の平均体重を調べるため、無作為に生徒の抽出を繰り返すと、それぞれの標本の平均値はばらつく。

母集団から無作為に対象を抽出すると…

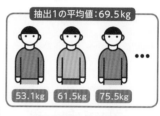

抽出1の平均値：69.5kg

53.1kg　61.5kg　75.5kg

抽出2の平均値：67.8kg

55.8kg　68.8kg　79.1kg

### ② 標本抽出を何度も繰り返す

観測値を重ねて柱状グラフ（ヒストグラム）を描くと、母分布に近いと思われる分布ができる。体重の場合、それ自体は正規分布していない。

### ③ 標本分布は正規分布に近づく

標本のサイズが十分に大きくなれば、中心極限定理によって、標本分布は正規分布の形に近づく。標本分布の平均は母平均（母集団の真平均）に、標準誤差は母標準偏差の $1/\sqrt{n}$（nは標本サイズ）に、それぞれ近づく。

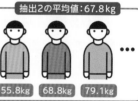

標本分布（標本平均の分布）

標本分布の標準偏差は標準誤差という

平均

# 40
[推測統計]
# 統計学のキモ?
# 「正規分布」とは?

**なるほど!** 「正規分布」は、統計学の確率分布のひとつ。左右対称で釣鐘のような形になる!

　統計学において**「正規分布」**は非常に重要な要素です。いったいどういったものなのでしょうか?

　「正規分布」とは、**平均値を中心として、平均値の近くの値が観測されやすく、平均値から離れると観測されにくい、という性質をもった左右対称な釣鐘型の確率分布**です。正規分布は、前のページでも説明した通り、統計学ではおもに標本調査で使います。標本サイズが十分に大きいことが前提となりますが、調べたい母集団の分布を復元しなくても、**標本から得られた標本平均の分布を「正規分布」として扱って、推定を行える**のです〔**図1**〕。

　正規分布は、数学的にとても細かく定義された特殊な釣鐘型です。ですので、平均値と標準偏差が与えられれば、その形を厳密に特定することができるのです。

　また正規分布では、平均値から標準偏差〇個分の区間にデータが生じる確率が決まっています。例えば、**平均値の前後、標準偏差1個分の区間にデータが入る確率は、約68.3%と決まっています。**その確率は公式から求めることもできます〔**図2**〕。

　18ページの視聴率調査や34ページの内閣支持率調査では、このしくみを用いて母集団を推定しているのです。

# 平均値と標準偏差から正規分布ができる

## ▶ 正規分布の特徴とは？〔図1〕

正規分布に従うデータであれば、「平均値±標準偏差」の範囲内に、全体の何パーセントが含まれるかがわかるようになる。

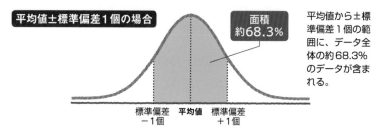

**平均値±標準偏差1個の場合**

面積約68.3%

平均値から±標準偏差1個の範囲に、データ全体の約68.3%のデータが含まれる。

標準偏差−1個　平均値　標準偏差＋1個

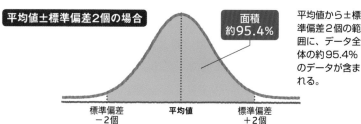

**平均値±標準偏差2個の場合**

面積約95.4%

平均値から±標準偏差2個の範囲に、データ全体の約95.4%のデータが含まれる。

標準偏差−2個　平均値　標準偏差＋2個

これらの値は決まっているので、標本調査の目安になる！

## ▶ 正規分布の公式　確率変数が、値xをとる確率密度を計算できる。〔図2〕

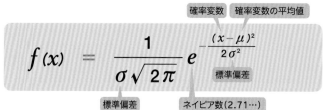

確率変数　確率変数の平均値

$$f(x) = \frac{1}{\sigma\sqrt{2\pi}}e^{-\frac{(x-\mu)^2}{2\sigma^2}}$$

標準偏差

標準偏差　ネイピア数（2.71…）

# 41
[推測統計]

# 「大数の法則」と「中心極限定理」ってどんなもの?

**なるほど!** 「大数の法則」と「中心極限定理」で、
**標本分布**は**正規分布**とみなせる!

　ここでは、標本分布と正規分布の関係を保証する **「大数の法則」** と **「中心極限定理」** について紹介します。全国の14歳男子の体重を調べたデータで見ていきましょう〔**図1**〕。

　このデータは釣鐘型の分布ではあるのですが、平均体重の半分以下の生徒よりも、平均体重の2倍以上の生徒が多くいる状態です。そのため、分布も体重が重い側、つまり右側のすそが伸びており、左右が非対称になっています。このような分布は、家計所得や企業規模など、多くのデータで見られる傾向です。

　しかし標本調査では、**図1**のように母集団が正規分布と似ていない形をしていても、**「十分に標本サイズが大きければ、標本分布は正規分布とみなしても問題ない」** という性質が、昔からの数多くの研究によって確認されています。**この性質を説明するのが「大数の法則」と「中心極限定理」です**。

　まずは「大数の法則」について。例えば、サイコロの出る目の確率はそれぞれ6分の1ですが、実際に10回ほど振ってみても出る目は偏りますよね。しかし、**何度も振り続けてデータをとっていくと、データ上の確率（実証的確率）は理論的確率＝6分の1に近づいていく**のです。これを **「大数の法則」** といいます〔➡P116**図2**〕。

114

## ▶ 釣鐘型の分布もいろいろ〔図1〕

母集団は必ずしも正規分布の形をとらず、非対称になるデータもある。

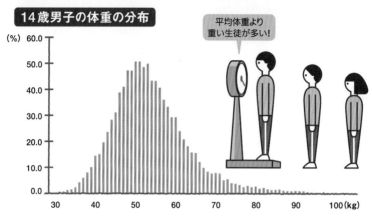

**14歳男子の体重の分布**

平均体重より重い生徒が多い！

大数の法則によって、標本の平均は、標本サイズが大きくなるにつれて、母集団の平均に限りなく近づいていくということが、統計学的に保証されるのです。

次に「中心極限定理」について。普通、標本をとるときは平均値は1つしか計算しませんが、**十分に大きな標本を何度も同じ条件で抽出すると、標本平均の分布は正規分布に近くなります**。これを**「中心極限定理」**といいます〔➡P117図3上〕。母集団の分布がどんな形の分布であっても、そこから抽出した標本サイズが十分に大きければ、標本平均の分布は正規分布そのものとみなしてもよい、ということをこの定理が保証するのです。

標本調査では、正規分布の性質を使って、標本平均と母平均のずれの大きさを評価していくことになります。そのとき、ずれを評価する標本分布の平均や標準偏差は、中心極限定理から導かれる式で求めていきます〔➡P117図3下〕。

# 標本サイズが大きければ法則は成り立つ

## ▶ 大数の法則とは?

〔図2〕

標本の平均は、標本サイズが大きくなるにつれて、母集団の平均に限りなく近づいていく。

実際にコインを10回投げても、
表と裏の出る数は偏る。

しかしコイン投げを何度も繰り返せば、
数学的確率に近づいてく。

---

標本分布と大数の法則　標本サイズを大きくすれば、母平均に限りなく近づく。

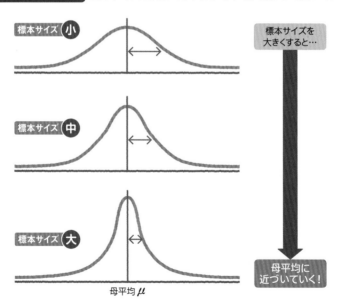

# ▶中心極限定理とは？〔図3〕

母集団の分布がどんな形であっても、標本が十分に大きければ、標本平均の分布は正規分布に近づいていくという定理。

**中心極限定理** 標本サイズを大きくすれば、母平均に限りなく近づく。

平均 $\mu$、分散 $\sigma^2$、標準偏差 $\sigma$ の母集団から、
標本サイズ $n$ の標本を抽出した場合、
$n$ が大きくなるにつれて、母集団の形に関係なく、標本分布は、
平均 $\mu$、分散 $\dfrac{\sigma^2}{n}$、標準偏差 $\dfrac{\sigma}{\sqrt{n}}$ の正規分布に近づいていく。

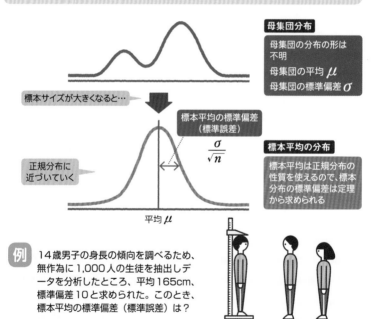

**母集団分布**

母集団の分布の形は不明
母集団の平均 $\mu$
母集団の標準偏差 $\sigma$

標本サイズが大きくなると…

標本平均の標準偏差（標準誤差）

$\dfrac{\sigma}{\sqrt{n}}$

正規分布に近づいていく

**標本平均の分布**

標本平均は正規分布の性質を使えるので、標本分布の標準偏差は定理から求められる

平均 $\mu$

**例** 14歳男子の身長の傾向を調べるため、無作為に1,000人の生徒を抽出しデータを分析したところ、平均165cm、標準偏差10と求められた。このとき、標本平均の標準偏差（標準誤差）は？

$$\text{標本平均の標準偏差（標準誤差）} = \frac{\sigma}{\sqrt{n}} = \frac{10}{\sqrt{1000}} = 0.31$$

この数値から母集団を推定！

# 42

［推測統計］

# 推定に幅をもたせる？「区間推定」のしくみ

**確率を使って推定に幅をもたせることで、母集団の値を当てやすくする手法！**

　標本調査では、母集団の推定に幅をもたせて、信頼度を高めるやり方をとっています。どういうものか見てみましょう。

　母集団の推定には、**ある1つの値で言い当てる「点推定」と、このあたりの値だろう、と区間を示す「区間推定」**とがあります〔**図1**〕。

　A市の小学生のお年玉の平均値を調べるため、標本調査を行ったとして考えてみましょう。標本調査では、1,000人を調査して平均値は2万円と割り出せました。ここで**「A市の小学生のお年玉の平均値は2万円」**と1つの数値で行う推定が「点推定」です。

　ただ、標本には必ずばらつきが生じます。また、この点推定の値をどれくらい信頼していいのか判断もできません。**この「信頼する度合い」をわかるようにしたのが、「区間推定」**です。

　続いて、少しむずかしいですが区間推定の手順について見ていきましょう〔➡P120**図2**〕。母集団の分布はお年玉の「金額」ですので、平均からの上ぶれが、下ぶれよりも大きい非対称分布になると考えられます（際限なくもらう子どももいるため）。それでも**標本サイズが十分に大きければ、標本の平均は正規分布の形になります**。

　この正規分布では、標本の平均は母集団の真の平均に等しく、標本平均の標準偏差（標準誤差）は $\frac{\sigma}{\sqrt{n}}$ の値をとります（σは母集団

## ▶ 点推定と区間推定 〔図1〕

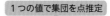

### 点推定

母集団をある1つの値で言い当
てること。標本平均から母集団
の平均を求めるため、正しいか
どうか判断しにくい。

### 区間推定

幅をもたせて、母集団の平均を
当てること。区間を示すため、
推定の信頼度もわかる。

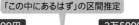

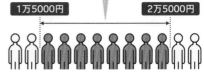

の標準偏差、nは標本サイズ➡P117)。この性質を利用して、区
間推定を行うことができます。112ページで解説したように、正
規分布の性質により、**平均値の前後標準誤差〇個分の区間にデータ
が入る確率は求められます**。標準誤差が1.956個分の場合、標本
平均が「真の母平均±1.956×標準誤差」に入る確率は95%。
標準誤差が2個分の場合、標本平均が「真の母平均±2×標準誤差」
に入る確率は95.4%となります。

　今回は、標本から観測されたお年玉の平均が2万円なので、この
**標本平均2万円が「母集団の真の平均±1.956×標準誤差」に
95%の確率で入る…と推定できます**。逆に見れば、この区間が実
測値「2万円」を含むような母平均の値の範囲は「2万円±1.956
×標準誤差」です。これが母平均の「95%信頼区間」で、「95%」
が区間推定の「信頼度」となります。一般に信頼度を高めるには、
信頼区間を広くとる必要があります。信頼区間を絞ると信頼度を妥
協しなければなりません。

# 区間推定で母集団の性質を当てやすくする

## ▶ 区間推定の求め方〔図2〕

区間推定の求め方を、具体例をもとに手順を追って見てみよう。

**例** A市の小学生のお年玉の平均値 $\mu$（母集団の平均値）を、信頼度95%で推定する。

### ❶ 母集団から標本を抽出

A市の小学生の中から、無作為で1,000人に調査を行ったところ、お年玉の平均値は2万円。標準偏差は5,000円だとわかった。

母集団

標本

A市小学生が母集団。知りたいのはお年玉の平均値。

抽出した標本を調べると、お年玉の平均値は2万円だった。

### ❷ 標本分布を調べる

観測された平均値と標準偏差から、標本分布をつくり、標準誤差を調べる。

**標本平均の確率分布**

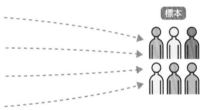

標準誤差

$$\frac{\sigma}{\sqrt{n}}$$

母集団の平均値 $\mu$

**標準誤差の算式**

標本の標準偏差

$$\text{標本平均の標準偏差（標準誤差）} = \frac{\sigma}{\sqrt{n}} = \frac{5000}{\sqrt{1000}} = 158.1$$

標本サイズ

## ❸ 信頼度95%で推定

1〜2で求めた、標本から観測された平均値（標本平均）と標本平均の標準偏差（標準誤差）から、正規分布の性質を用いて母集団の平均$\mu$を推定する。

標本から観測されたお年玉の平均は2万円。この標本平均2万円は、A市の小学生（母集団）の真の平均±1.956×標準誤差に、95%の確率で入る。

逆算して、母集団の真の平均の95%信頼区間は「2万円±1.956×標準誤差」

### 信頼区間の求め方（信頼度95%の場合）

標本平均 − 1.956 × 標準誤差 $\leqq \mu \leqq$ 標本平均 + 1.956 × 標準誤差

2万円 − 1.956 × 158.1 $\leqq \mu \leqq$ 2万円 + 1.956 × 158.1

19691 $\leqq \mu \leqq$ 20309

A市の小学生のお年玉の平均値は、信頼度95%で1万9691円以上2万309円以下と推定できる！

........................................................................................

### 「信頼区間」の考え方

信頼区間とは、「母平均の真の値が含まれるであろう区間」のこと。例えば、信頼度95%ということは、標本抽出と区間推定を100回繰り返したとき、母平均を含んだ信頼区間が95回現れることを意味する。

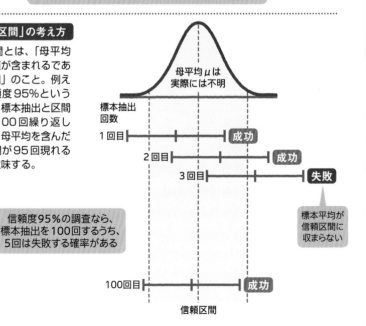

母平均$\mu$は実際には不明

標本抽出回数

1回目 ── 成功

2回目 ── 成功

3回目 ── 失敗

信頼度95%の調査なら、標本抽出を100回するうち、5回は失敗する確率がある

標本平均が信頼区間に収まらない

100回目 ── 成功

信頼区間

# シェイクスピアの謎に迫る「スタイロメトリー」

## シェイクスピアとベーコンの文体の違い 〔図1〕

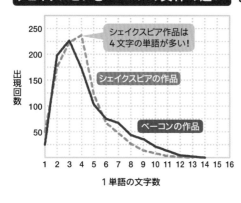

シェイクスピア作品は4文字の単語が多い!

シェイクスピアの作品

ベーコンの作品

出現回数

1単語の文字数

シェイクスピアの作品には4文字の単語が頻出するのに対し、ベーコンの作品では3文字の単語が頻出すると「スタイロメトリー」でわかった。

　イギリスの劇作家シェイクスピアには、数多くの謎があります。出自が不明で、私生活も謎に包まれており、「シェイクスピア」はほかの作家のペンネームだったのではないか…という説まで存在しています。そんな「シェイクスピア別人説」の謎に、統計学で挑んだ学者がいます。

　古くから、**学者たちは文体の特徴を統計的に分析して、その書き手を推定するスタイロメトリー（計量文献学）**に取り組んできました。そんな中、アメリカの物理学者メンデンホールは、文字数別に単語の出現頻度を集計し、書き手を識別する方法を編み出します。そして、シェイクスピアと「本当の作家候補」の1人である哲学者ベーコンの作品とを比較したのです。

　メンデンホールは作品内の1文字、2文字、3文字…の単語の数

※ 図1 出典：T.C.MENDENHALL「A Mechanical Solution of a Literary Problem.」

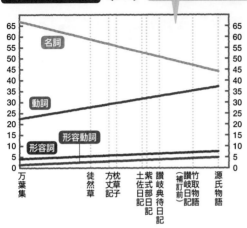

## 大野の語彙法則 〔図2〕

名詞が多い場合は動詞が少ないなど、傾向がある！

名詞の比率は、万葉集、随筆(徒然草、方丈記、枕草子)、日記(土佐日記、紫式部日記など)、物語(竹取物語、源氏物語)の順で減少し、動詞と形容詞の比率は逆に増える。その他の語は作品に関係なくほぼ一定。

（グラフ 縦軸：0〜65）

名詞
動詞
形容詞　形容動詞

横軸：万葉集／徒然草／方丈記／枕草子／土佐日記／紫式部日記／讃岐典侍日記／(補訂前)讃岐／竹取物語／源氏物語

を数えて、各単語の出現頻度を計算。ワードスペクトルという分布図を描きました〔図1〕。2人の分布を比べると、シェイクスピアが4文字の単語の出現頻度が多いのに対し、ベーコンは3文字の単語が多く、明らかな文体の違いが示されたのです。これにより、少なくともベーコンがシェイクスピアではないことは証明されました。

日本でも、スタイロメトリーは行われています。国語学者の大野晋は、万葉集、源氏物語、枕草子といった日本古典文学作品にどのような語彙が使われているかを調べるうちに、**作品ジャンルで名詞、動詞、形容詞の比率に特徴のある偏りが見られることを発見**しました〔図2〕。これを**「大野の語彙法則」**といいます、この法則は、古典だけでなく現代作品にも見出されるのでは…と大野は予想しています。

このような作品を数値化して分析する動きは、文学だけでなく、芸術作品でも行われています。

※ 図2 出典：大野晋「基本語彙に関する二三の研究」

# 43 [確率] 「確率」ってどういうもの？統計にどう関係する？

 **なるほど！** ある事象が起こる可能性を予測するもの。統計では、おもに推測統計で使われる！

確率とは、「**起こりうる可能性の割合**」のこと。サイコロで考えると、「サイコロを振ったときにそれぞれの目が出る可能性の割合」となります〔**右図**上〕。サイコロは、実際に振ってみるまでどの目が出るのかはわかりません。しかし、どの目も6分の1で出ると**確率がわかっていれば、結果を予測することができる**のです。

確率に対して変化する数そのもの（例えばサイコロの出る目一つひとつ）を**「確率変数」**といいます〔**右図**左下〕。この確率変数が、統計と確率を橋渡しする要素です。実際に計測されたデータ（標本）とは、何らかの確率変数が実現した数値です。その観察された値から、データの背後（母集団）にある確率変数の分布を復元しようとすることが、標本調査（➡P108）の作業なのです。

そして、確率を、確率変数の関数に見立てたものが**「確率分布」**です。サイコロを例にすると、出る可能性のある目一つひとつに対して、6分の1という確率が存在します。その起こりうる各事象に確率を割り振ったものが確率分布なのです〔**右図**右下〕。

ちなみに、確率変数はサイコロの目のようにとびとびの値をとる**「離散型」**〔➡P126**図2**〕と、身長・体重のようにある範囲でどんな値もとりうる**「連続型」**〔➡P127**図3**〕に分類されます。

# 確率とは起こりうる可能性の割合

## ▶「確率」と「確率分布」と「確率変数」

確率とは、偶然起こるある事象について、その事象が起こる度合いを数値化したもの。サイコロの出る目を例に見てみよう。

### 確率とは

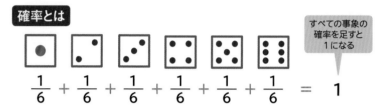

すべての事象の確率を足すと1になる

$$\frac{1}{6} + \frac{1}{6} + \frac{1}{6} + \frac{1}{6} + \frac{1}{6} + \frac{1}{6} = 1$$

ある事象がどれくらい起こりやすいのかを、数値化したもの。サイコロの出る目の確率はそれぞれ6分の1で、すべての事象の確率を合計すると1になる。

### 確率変数とは

試行(➡P129)して初めて数値が確定する変数。例えばサイコロを振って出た目など、実際に行われてはじめて確定する数値のこと。

実際に振って2の目が出た

### 確率分布とは

確率変数の各値と、その値が実現する確率を表したもの。サイコロのどの目が出るかは同じ6分の1なので、下図のような分布になる。

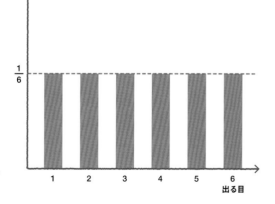

確率(p)

$\frac{1}{6}$

出る目
1　2　3　4　5　6

# とびとびの値は「離散型」の確率分布に

## ▶ 確率変数の「離散型」とは？〔図2〕

確率変数が、サイコロの目のようにとびとびの値をとるとき、その確率変数のことを「離散型」という。確率分布を確率変数ごとにまとめた表が、確率分布表となる。

**例** 2つのサイコロを同時に振ったとき、出た目の和の確率分布はどうなるか？

**確率の求め方**

例えば、目の和が7になる場合の数だと…

$$\text{サイコロ2つの目の和が〇になる確率} = \frac{\text{目の和が〇になる場合の数}}{\text{すべての場合の数}} = \frac{6}{36}$$

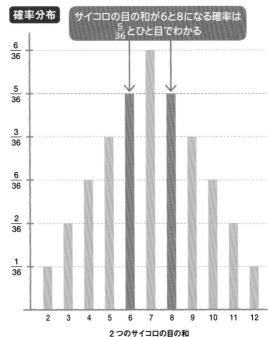

**確率分布表**

**確率変数**

| 2つの<br>サイコロ<br>の目の和 | 場合<br>の数 | 確率 |
|---|---|---|
| 2 | 1 | $\frac{1}{36}$ |
| 3 | 2 | $\frac{2}{36}$ |
| 4 | 3 | $\frac{3}{36}$ |
| 5 | 4 | $\frac{4}{36}$ |
| 6 | 5 | $\frac{5}{36}$ |
| 7 | 6 | $\frac{6}{36}$ |
| 8 | 5 | $\frac{5}{36}$ |
| 9 | 4 | $\frac{4}{36}$ |
| 10 | 3 | $\frac{3}{36}$ |
| 11 | 2 | $\frac{2}{36}$ |
| 12 | 1 | $\frac{1}{36}$ |
| 合計 | 36 | 1 |

**確率分布**

サイコロの目の和が6と8になる確率は$\frac{5}{36}$とひと目でわかる

2つのサイコロの目の和

# 連続する値は「連続型」の確率分布に

## ▶ 確率変数の「連続型」とは? 〔図3〕

身長測定などは確率変数が連続した値をとる。このような確率変数を、「連続型」という。無数の値があるため値ごとに確率はとらず、値の区間に対して、その区間の値が生じる確率を考える。

**例** あるクラスの高校1年生男子は以下のような数値となった。175cm～180cmの生徒はどのくらいの確率（割合）か?

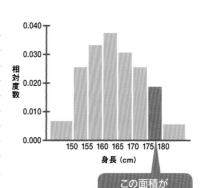

身長1cm当たりの相対度数

| 身長<br>(cm) | 度数<br>(人) | 相対度数<br>（割合） | 分布密度<br>（／cm） |
|---|---|---|---|
| 150未満 | 22 | 0.094 | ≦0.019 |
| 150-155 | 30 | 0.128 | 0.026 |
| 155-160 | 39 | 0.166 | 0.033 |
| 160-165 | 44 | 0.187 | 0.037 |
| 165-170 | 36 | 0.153 | 0.031 |
| 170-175 | 30 | 0.128 | 0.026 |
| 175-180 | 22 | 0.094 | 0.019 |
| 180以上 | 12 | 0.051 | ≦0.010 |
| 度数合計 | 235 | 1.00 | |

この面積が
175≦x＜180
となる確率を表す

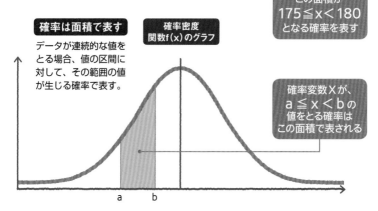

**確率は面積で表す**

データが連続的な値をとる場合、値の区間に対して、その範囲の値が生じる確率で表す。

**確率密度関数f(x)のグラフ**

確率変数Xが、a≦x＜bの値をとる確率はこの面積で表される

# 44 [確率] 統計の確率は数学のものとは違うもの?

**なるほど!** 数学の確率は理論としての確率。
統計の確率は実際の調査に基づく確率!

　数学でも統計学でも、「確率」というものが登場します。この2つは同じもの?　それとも、考え方が違うものなのでしょうか?

　まず、確率論では、何かを行ったときに起こる結果を**「事象」**といいます。そして、起こりうるすべての事象を**「全事象」**といいます。確率とは、問題とする事象が起こる場合の数（➡P130）を、全事象の起こり得る場合の数で割り算したものです。このとき、すべての事象が、同様の確率で起こることが条件になります〔**図1**〕。

　例えば、1個のサイコロを振って、1または2の目の出る確率を求めるとします。全事象は1〜6 の目が出る6通りで、問題とする事象は、1と2の目が出る2通りです。どの目も同様の確率で出るとすれば、$\frac{2}{6}$、約分して確率は $\frac{1}{3}$ となります。これらは、実際に行わずとも導き出せる、いわば**「理論的確率」**といえます。

　統計では、実際の調査に基づいて観測された数字から、確率を求めます。これは**「実証的確率」**といえます。実証的確率は必ずしも理論的確率とは一致しません。1や2が続けて出ることもあれば、なかなか出ないこともあります。しかし、**調査を多く行うほど、実証的確率は理論的確率に近づく**ことがわかっています。これを「大数の法則」〔**図2**〕といいます。

# 確率論と統計の関係

## ▶ 確率論の考え方〔図1〕

確率現象を数学的に扱うのが確率論。「理論的確率」とも呼ばれる。

| 試行 | 事象 | 全事象 |
|---|---|---|
| 実際にサイコロを振ること | 試行によって起こる現象 | |

出目「1」

起こりうる事象全体の集合

$$\text{確率（理論的確率）} = \frac{\text{ある事象が起こる場合の数（事象）}}{\text{起こりうるすべての場合の数（全事象）}}$$

## ▶ 大数の法則の例〔図2〕

確率論と統計を橋渡しするのが大数の法則。試行をたくさん繰り返せば、実証的な確率は理論的確率に近づいていく。

サイコロをn回振ったときの、それまでに出た目の平均を測った。試行回数が少ないときは出た目がばらつくが、何回も繰り返せば、平均値の3.5に近づいていく。

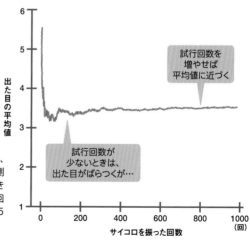

試行回数を増やせば平均値に近づく

試行回数が少ないときは、出た目がばらつくが…

縦軸：出た目の平均値
横軸：サイコロを振った回数（回）

# 45
[確率]

# 統計学に必須?
# 「場合の数」の考え方

「**全部で何通りあるか?**」を調べる方法。
確率の基礎になるので、**統計学でも必須**!

サイコロを2つ同時に振ったとき、その組み合わせは何通りあるでしょうか? この「全部で何通りの場合があるか」数え上げることを**「場合の数」**を数えるといいます〔**図1**〕。この「場合の数」が、統計学でよく使う「確率」の考えに必要になります。

いちばんわかりやすい場合の数の求め方は、「樹形図」です。樹形図とは、**起こりうる事象が何通りあるかをすべて書き出す方法**です。正しく書くコツは、「規律性をもたせて描くこと」「重複させないこと」「書き漏らしがないこと」です。

しかし、トランプ3枚を同時に出した場合の合計の数など、数が大きくなるほど、樹形図では書ききれなくなります。そのような場合は公式を使います。基本となる公式は**「和の法則」**と**「積の法則」**です〔➡P132**図2**〕。

和の法則は、ある事象がいずれか一方だけでしか起こらないというとき、場合の数を足し合わせて計算する法則です。例えば、2軒あるどちらかのコンビニで、弁当を1つ買うとします。A店には5種類、B店には6種類の弁当があった場合、買い方の「場合の数」は、5+6=11で求められます。

積の法則は、ある事象が両方とも起こるというときに、場合の数

# ▶ 場合の数とは？

〔図1〕

場合の数とは「何通りの場合があるか」を数える
こと。数え方は樹形図で書くとわかりやすい。

**例** じゃんけんを2回連続でする場合、自分の手の出し方は何通りあるか？

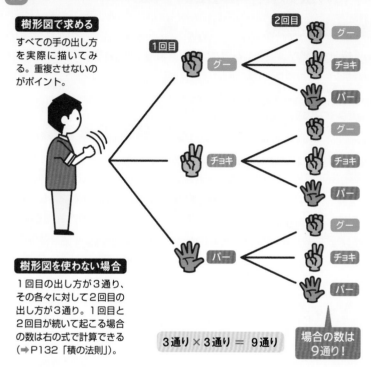

**樹形図で求める**

すべての手の出し方
を実際に描いてみ
る。重複させないの
がポイント。

1回目

2回目

グー → グー、チョキ、パー

チョキ → グー、チョキ、パー

パー → グー、チョキ、パー

**樹形図を使わない場合**

1回目の出し方が3通り、
その各々に対して2回目の
出し方が3通り。1回目と
2回目が続いて起こる場合
の数は右の式で計算できる
（➡P132「積の法則」）。

3通り × 3通り ＝ 9通り

場合の数は
9通り！

を掛け合わせて計算する法則です。例えば、じゃんけんを2回連続
する場合を考えてみましょう。1回目で3通りの出し方があり、そ
の各々に対して、2回目でも3通りの出し方があるので、3 × 3 ＝
9通りと求められます。

　ちなみに、積の法則は、**「順列（順序に関係がある）」** と **「組み合わ
せ（順序は関係ない）」** で計算方法が違ってきます〔➡P133 **図3**〕。

## ▶「和の法則」と「積の法則」〔図2〕

### 和の法則の公式

$$m + n \text{ 通り}$$

（Aの起こり方がm 通り、Bの起こり方がn 通りの場合）AとBが同時には起こらない場合で、AまたはBのどちらかが起こる場合の数は、m + n 通りとなる。

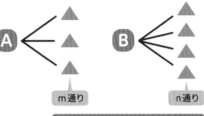

m通り　　n通り

AまたはBの起こり方は、m+n通り

**例** 2つのサイコロを同時に振ったとき、出た目の合計が5の倍数になる組み合わせは何通り？

「3通り＋4通り」から

場合の数は「7通り」

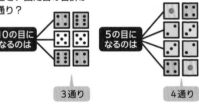

10の目になるのは　　3通り

5の目になるのは　　4通り

### 積の法則の公式

$$p \times q \text{ 通り}$$

（Aの起こり方がp 通り、Bの起こり方がq 通りの場合）Aのp通りの起こり方に対して、Bの起こり方がq通りあるときで、AとBがともに起こる場合の数はp×q通りとなる。

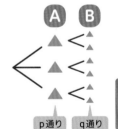

p通り　　q通り

AとBが続いて起こるのはp×q通り

**例** 3着のシャツと、2着のズボンをもっているとき、シャツとズボンの組み合わせは何通りか？

「3通り×2通り」から

場合の数は「6通り」

# 順列と組み合わせに注意

## ▶ 順列と組み合わせの違い 〔図3〕

「順列」では、並び方が異なると別の場合と考える。「組み合わせ」では、並び方のバリエーションは同じと考える。

### 順列の公式

$$_n P_r = \frac{n!}{(n-r)!}$$

### 順列 = 順番は関係ある

異なるn個の中から、順番にr個を選び、それらを並べる順列は、全部で
nPr通り存在する。

カード4枚　内2枚選ぶ

$$_4 P_2 = 4 \times 3$$

$$= \boxed{12通り}$$

**例** 1～4のカードから2枚取り出すとき、順番も考えた順列の数は？

①1枚目の選び方は4通り　②2枚目の選び方は3通り　③積の法則から、①と②を掛け合わせて順列は求められる

1-2　2-3　3-4
1-3　2-4　4-1
1-4　3-1　4-2
2-1　3-2　4-3

---

### 組み合わせの公式

$$_n C_r = \frac{n!}{r!(n-r)!}$$

### 組み合わせ = 順番は関係ない

異なるn個の中から、r個を選ぶ組み合わせは、全部でnCr通り存在する。

カード4枚　内2枚選ぶ

$$_4 C_2 = \frac{4 \times 3}{2 \times 1}$$

$$= \boxed{6通り}$$

**例** 1～4のカードから2枚取り出すとき、順番を気にしない組み合わせの数は？

①順列4×3のうち、同じ組み合わせで順番を入れ替えたものは2!ずつ含まれるので、順番を考えない組み合わせの数は左の式で求められる

1-2　2-3
1-3　2-4
1-4　3-4

# Q 5人でプレゼント交換 自分に戻ってくる確率は？

| 約13% | or | 約63% | or | 約93% |
|---|---|---|---|---|

クリスマスに、A、B、C、D、Eの5人でプレゼントを持ち寄ってプレゼント交換をしました。このとき最低1人、自分の持ってきたプレゼントが手元に戻ってきてしまう確率はどのくらいあるでしょうか？

　自分で送ったプレゼントが自分に戻ってきたら、やるせないですよね。そのようなことが起こる確率を計算してみましょう。

　統計で、ある事象の起こりやすさを求めるには、**「場合の数」**（➡ P130）の知識が欠かせません。順列の知識を使えば、この問題はかんたんです。計算の手順は、まず5人が自分のものも含めて、

**完全順列とは？** 数字を並べた時、i番目にiが来ないよう並べた順列。

例 n＝4の完全順列は？

nは
自然数を表す
数学の記号

|  | ① | ② | ③ | ④ 番目 |
|---|---|---|---|---|
| 1通り | 2 | 1 | 4 | 3 |
| 2通り | 2 | 3 | 4 | 1 |
| 3通り | 2 | 4 | 1 | 3 |
| 4通り | 3 | 1 | 4 | 2 |
| 5通り | 3 | 4 | 1 | 2 |
| 6通り | 3 | 4 | 2 | 1 |
| 7通り | 4 | 1 | 2 | 3 |
| 8通り | 4 | 3 | 1 | 2 |
| 9通り | 4 | 3 | 1 | 2 |

＝ 全部で 9通り

**完全順列の公式** (n＝5の場合)

$$完全順列の総数 = n!\left\{\frac{1}{2!} - \frac{1}{3!} + \cdots + \frac{(-1)^n}{n!}\right\} = 120 \times \left(\frac{1}{2} - \frac{1}{6} + \frac{1}{24} - \frac{1}{120}\right)$$

階乗の公式で、順列の数を計算できる。例えば、
3人の順列の場合、3！＝1×2×3＝6となる

$$= \mathbf{44}通り$$

5個のプレゼントを受け取るときの場合の数を数えます。5個のプレゼント全部でつくる順列の総数は、$_5P_5 = 120$通りになります。

次に、5人とも自分の手元に自分のプレゼントが戻ってこない場合の数を数えます。すべて数え上げてもいけそうですが、ここでは**「完全順列」**を使って計算してみます。

完全順列とは、**「数字を並べた時、i番目にiが来ないよう並べた順列」**のこと〔**上図**〕。これで自分の手元に来ない組み合わせを抜いた場合の数が数えられます。計算すると44通りになります。

最後に、誰も自分のプレゼントを受け取らない確率は完全順列で求めた44通りを、5人と5個のプレゼント全部でつくる順列の総数120通りで割った数、約36.67％となります。

つまり最低1人プレゼントが戻ってくる確率は約63.33％。ちなみに人数が増えた場合でも、自分のプレゼントが戻ってきてしまう人が最低1人出る確率は1－（1／e）[※]＝約63.21％に近づくことがわかっています。

※eはネイピア数といい、数学の定数のひとつ。値はe＝約2.7182…で表される。

# 宝くじはいくら戻れば当たったといえる?

なるほど！ 統計学の「**期待値**」で考えると、
1枚で約**142円以上**なら当たったといえる！

宝くじは、何等が当たるかによって、当選金額が大きく異なります。少額が当たっていくらかお金が戻ってくるということもありますが、その場合、いくら戻ってきたら当たったといえるのでしょうか？

統計学では**「期待値」**という言葉があります。期待値は、**ある試行を行ったとき、その結果として得られる数値の平均値のこと**です（確率変数の平均値ともいう）。そして期待値は、確率変数（➡P124）の値と、その値をとる確率を掛けて、すべて足したものから計算できます〔**図1**〕。

**宝くじでの期待値は、掛け金に対して戻ってくる見込みの金額のこと**ですね。先程の計算方法に当てはめてみると、当選金額とその当選金額が当たる確率を掛けた数をすべて足したものが、期待値ということになります。

実際の宝くじを例に、期待値を見てみましょう〔**図2**〕。計算すると、**宝くじを1枚買うと約142円が戻ってくる見込み**になります。つまり、1枚300円の宝くじを10枚購入した場合、1,420円以上戻ってくれば、平均と比較して当たったといえるかもしれません。しかし、宝くじの期待値はくじの価格の半額以下なので、理論的には決して得をしないものといえますね。

# 期待値は得られる結果の平均値

## ▶ 期待値とは？ 〔図1〕

期待値とは、ある試行を行ったとき、その結果として得られる数値の平均値のこと。

**例** サイコロの目が点数となるゲームで、1回サイコロを振ったとき、平均何点が期待できるか？

| 出る目<br>（確率変数） | 1 | 2 | 3 | 4 | 5 | 6 |
|---|---|---|---|---|---|---|
| その確率 | $\frac{1}{6}$ | $\frac{1}{6}$ | $\frac{1}{6}$ | $\frac{1}{6}$ | $\frac{1}{6}$ | $\frac{1}{6}$ |

出目3<br>＝3点

$$期待値 = 1 \times \frac{1}{6} + 2 \times \frac{1}{6} + \cdots + 6 \times \frac{1}{6}$$
$$= 3.5$$

平均3.5点が期待値！

## ▶ 宝くじ1枚当たりの当選確率と期待値 〔図2〕

宝くじは、等級によって当たり本数と金額が異なるため、それぞれの等級で当たる確率も異なる。

| 等級 | 賞金<br>（確率変数） | 1ユニットの<br>当たり本数 | 確率 | 賞金×確率 |
|---|---|---|---|---|
| 1等 | 500,000,000円 | 1本 | 0.0000001 | 50円 |
| 1等前後賞 | 100,000,000円 | 2本 | 0.0000002 | 20円 |
| 1等組違い賞 | 100,000円 | 99本 | 0.0000099 | 0.99円 |
| 2等 | 10,000,000円 | 2本 | 0.0000002 | 2円 |
| 3等 | 1,000,000円 | 30本 | 0.000003 | 3円 |
| 4等 | 10,000円 | 6,000本 | 0.00006 | 6円 |
| 5等 | 3,000円 | 100,000本 | 0.01 | 30円 |
| 6等 | 300円 | 1,000,000本 | 0.1 | 30円 |
| はずれ | 0円 | 8,893,866本 | 0.8893866 | 0円 |
| 合　計 | | 10,000,000本 | 1 | 141.99円 |

宝くじ1枚購入で
約142円が期待値！

※2020年サマージャンボ宝くじの当選本数より作成。

# Q 宝くじの1等当選確率より レアな現象はどれ？

隕石
衝突死
or
ホールイン
ワン
or
飛行機
事故死
or
この中
にはない

一般的に宝くじ1等の当選確率は1,000万分の1（＝0.00001％）です。そこで、隕石が衝突して死亡する確率、飛行機事故で死亡する確率、ゴルフのホールインワンが起こる確率のうち、どれが宝くじ1等よりレアな現象になるでしょうか？

1,000万分の1といわれても、なかなかピンときませんが、これは10個サイコロを振って全部同じ目が出る確率と同じくらいの確率です。さて、どの例が宝くじ1等よりレアな確率なのでしょうか。

まずは**隕石の衝突死**。ある研究者は**160万分の1（＝0.000063％）**と推定。宝くじの1等よりは起こりやすいようです。

## おもなレアな現象の確率

| 項　目 | 確　率 | |
|---|---|---|
| お年玉付年賀はがきで切手シートの当選確率 | 100分の3 | 3% |
| 一卵性の双子が生まれる確率 | 約250組の出産に1組 | 0.4% |
| 1年間で交通事故にあう確率 (2019年) | 1,000分の3 | 0.37% |
| 1年間で空き巣被害にあう確率 (2014年) | 約600分の1 | 0.17% |
| 日本人で血液型がAB型Rh (−) の確率 | 約2,000人に1人 | 0.05% |
| 1年間で住宅火災にあう確率 (2013年) | 4,078軒に1軒 | 0.025% |
| 裁判員等に選ばれる確率 | 全有権者の8,700人に1人 | 0.011% |
| 平均的なゴルファーでホールインワンが出る確率 | 12,000分の1 | 0.0083% |
| 一生のうち隕石の衝突で死亡する確率 | 160万分の1 | 0.000063% |
| 飛行機の死亡事故が起こる確率 (2019年) | 585万フライトに1回 | 0.000017% |
| ロト6の1等の当選確率 | 約600万分の1 | 0.000017% |
| サマージャンボ宝くじ1枚買って1等に当選する確率 | 1,000万分の1 | 0.00001% |
| 年末ジャンボ宝くじ1枚買って1等に当選する確率 | 2,000万分の1 | 0.000005% |

　次に**1打でカップに入れるゴルフのホールインワンの確率**。これは、意外に多く起こる現象で**1万2,000分の1（＝0.0083%）**といわれています。これは平均的なゴルフプレイヤーの数値で、プロになると3,000分の1（＝0.03%）まで跳ね上がるといわれています。

　最後に**飛行機事故死**。国際航空運送協会の統計で、2019年の全フライト4,680万回中死亡事故は8件、585万フライトに1回という割合だと報告されました。つまり確率は**585万分の1（＝0.000017%）**となります。安全性とともに数値は向上するため、いつか宝くじ1等の当選確率を抜くかもしれません。

　つまり正解は「この中にはない」でした。隕石の衝突より、ホールインワンより、飛行機事故よりも、圧倒的にレアな宝くじの1等。夢があるのか、夢がないのかは、受け取る人次第ですね。

# 統計学に必須？
# 確率の求め方の基本

**なるほど！** 確率の求め方は、「**余事象**」「**加法定理**」
「**乗法定理**」「**条件付き確率**」などさまざま！

統計学において、「確率」は不可欠なものです。124ページでは、サイコロを振ったときに出る目の確率の求め方を紹介しましたが、統計学を理解するために、ほかの方法についても見てみましょう。

まずは、ある事象が起きない確率**「余事象」**について。ある事象Aに対して、**「Aが起こらない」という現象を余事象**といいます。例えば、サイコロ1個を投げたとき、事象A「奇数の目が出る」に対して、余事象は「偶数の目が出る」となります。その確率は、全事象から事象Aが起こる確率を引いて求めます〔**図1**〕。

2つ以上の事象が起こる確率は、「加法定理」や「乗法定理」で求めることができます。

**「加法定理」は、事象Aと事象Bのどちらか一方が起こる確率が求められます**。事象AとBが同時に起きない（排反）かどうかで計算式が異なります。ここでは、52枚のトランプから1枚カードを引いたとき、スペードまたはダイヤが出る確率を求めるような、事象AとBが排反のときの求め方を紹介します〔➡P142**図2**〕。事象AとBが互いに排反でない場合、218ページの計算式で求めます。

**「乗法定理」は、事象AとBが同時に起こる確率が求められる定理です**。これも、事象AとBが起こる確率が互いに影響を与えない関

## ▶余事象の求め方〔図1〕

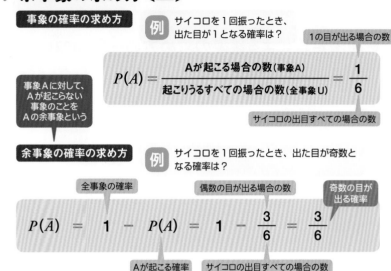

**事象の確率の求め方**

**例** サイコロを1回振ったとき、出た目が1となる確率は?

1の目が出る場合の数

事象Aに対して、Aが起こらない事象のことをAの余事象という

$$P(A) = \frac{\text{Aが起こる場合の数（事象A）}}{\text{起こりうるすべての場合の数（全事象U）}} = \frac{1}{6}$$

サイコロの出目すべての場合の数

**余事象の確率の求め方**

**例** サイコロを1回振ったとき、出た目が奇数となる確率は?

全事象の確率　　　　　偶数の目が出る場合の数　　　奇数の目が出る確率

$$P(\bar{A}) = 1 - P(A) = 1 - \frac{3}{6} = \frac{3}{6}$$

Aが起こる確率　　サイコロの出目すべての場合の数

係（独立）かどうかで計算式が異なります。ここでは、2つのサイコロを同時に振り、ともに1の目が出る確率を求めるような、事象AとBが独立なときに限った求め方を紹介しています〔➡P142図3〕。事象AとBが独立でない場合、218ページの計算式で求めます。

最後に「条件付き確率」について。例えば、サイコロを1回を振ったときに、テーブルから落ちて出た目が見えなくなったとします。この時点では、出た目の確率は6分の1と予想できますが、そばにいた友人から「出た目は偶数だよ」という情報が得られた場合、出た目の確率の予想は3分の1に変化しますよね。

このように、**ある条件がもたらされたとき、確率が変化することを「条件付き確率」と呼びます**〔➡P143図4〕。この条件付き確率が、ベイズ統計学（➡P190）の理解に役立つのです。

# 2つ以上の事象があるときの求め方

## ▶加法定理による確率の求め方の一例〔図2〕

事象AとBが排反（事象AとBが同時に起きない）のとき、事象Aと事象Bのどちらか一方が起こる確率の求め方。

**例** ジョーカーを抜いた1組のトランプから1枚カードを引くとき、引いたカードが、スペードかダイヤである確率は？（AとBは同時に起こらないこととする）

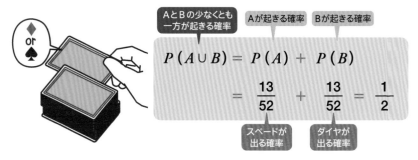

AとBの少なくとも一方が起きる確率　Aが起きる確率　Bが起きる確率

$$P(A \cup B) = P(A) + P(B)$$
$$= \frac{13}{52} + \frac{13}{52} = \frac{1}{2}$$

スペードが出る確率　ダイヤが出る確率

## ▶乗法定理による確率の求め方の一例〔図3〕

事象AとBが独立（事象AとBで互いの結果が影響を与えない）のとき、事象Aが起こり、続いて事象Bが起こる確率の求め方。

**例** サイコロの1の目が出ること（事象A）と、コイン1枚を投げて表が出ること（事象B）がともに起きる確率は？（互いに起こり方に影響を与えないこととする）

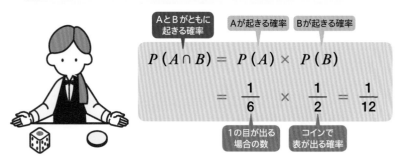

AとBがともに起きる確率　Aが起きる確率　Bが起きる確率

$$P(A \cap B) = P(A) \times P(B)$$
$$= \frac{1}{6} \times \frac{1}{2} = \frac{1}{12}$$

1の目が出る場合の数　コインで表が出る確率

# 条件が加わると確率は変化する

## ▶ 条件付き確率とは? 〔図4〕

ある事象Aが起きるという条件のもとで、別の事象Bが起こる確率。

**例** サイコロを1回振った。その出目は見逃してしまったが、親切にも偶数と教えてくれた。このとき出目が4である確率は?

サイコロを振って4の目が出る確率

「出た目が偶数」という条件が加わった場合の確率

条件によって確率は変化

偶数

条件付き確率の求め方　　**事象A** ＝偶数の目が出る確率　　**事象B** ＝4の目が出る確率

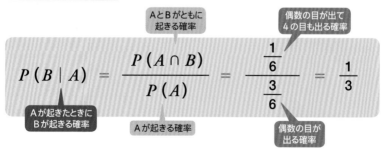

$$P(B \mid A) = \frac{P(A \cap B)}{P(A)} = \frac{\dfrac{1}{6}}{\dfrac{3}{6}} = \frac{1}{3}$$

AとBがともに起きる確率

Aが起きたときにBが起きる確率

Aが起きる確率

偶数の目が出て4の目も出る確率

偶数の目が出る確率

# 48

[推測統計]

# 両側？ 片側？
# 2つの「仮説検定」のしくみ

なるほど！ 仮説検定は、目的によって
「両側検定」と「片側検定」を使い分ける！

　**「仮説検定」とは、母集団に関する仮説を立てて、正しいかどうかを標本から判断する手段**です。仮説検定では、「偶然だ」と自分が否定したい「帰無仮説」に対して、自分が主張した「対立仮説」を立てて、どこまでを偶然と認めるかの有意水準を決めます（➡P50）。

　ここで、仮説検定を行うのですが、データの偏りを見てから仮説を立てる場合は**「片側検定」**を。先に仮説を立ててからデータを検証する場合は**「両側検定」**を行います。

　まずは片側検定の例〔**右図**〕。コイン投げで10回中9回表が出ました。帰無仮説は「10回中9回表は偶然」、対立仮説は「表が出やすいコインを使用」と設定します。有意水準を5％とした場合、表が出る確率50％で計算した分布の「表が多い側の片すそ5％」が棄却域となります。つまり、**「10回中9回以上表が出る確率が5％以下だったら、偶然とはみなさない」**とするのです。

　次は両側検定の例。ここでは、コインが公平かどうかを検定するとします。帰無仮説は「コインが公平」、対立仮説は「コインが不公平」と設定。このとき、**「表が多く出すぎ」「裏が多く出すぎ」のどちらであっても、帰無仮説を棄却**します。有意水準5％の場合、帰無仮説上で計算した分布の両すそ各2.5％が棄却域となるのです。

# 仮説検定で仮説を判定する

## ▶片側検定の流れ

### ❶9回表が出るコイン

あるコインを10回投げたところ、10回中9回表が出た。このコインは歪んでいるだろうか？

10回中表が9回はおかしくない？

### ❷仮説を立てる

自分が否定したい帰無仮説と、自分が主張したい対立仮説を立てる。

偶然？

おかしなコイン？

| 帰無仮説 | 対立仮説 |
|---|---|
| （自分が否定したい仮説） | （自分が主張したい仮説） |

### ❸有意水準を決める

通常、まれなことは起こらない。どのくらいの確率で帰無仮説を棄却できるか、有意水準の基準を決める。

目標
有意水準 5%

有意水準を決める
（5%や1%が多い）

### ❹統計をとり確率を計算

表の出る確率を測る。

片側検定の棄却域

10回中、9回以上表が出る確率は約1.1%

両側検定では、両すそを棄却域とする

### ❺仮説を判定

確率が5%以下なら、まれなことが起こったことになり、帰無仮説は棄却。対立仮説が正しいとする。

コインがおかしい！

# ギャンブルの浮き沈み を表す「逆正弦法則」

## 浮きと沈みのグラフ 〔図1〕

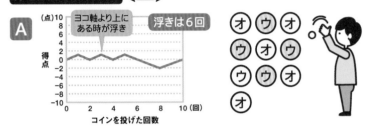

A

(点)10
8
6
4
2
0
-2
-4
-6
-8
-10

ヨコ軸より上に ある時が浮き

浮きは6回

得点

0　2　4　6　8　10 (回)
コインを投げた回数

B

(点)10
8
6
4
2
0
-2
-4
-6
-8
-10

沈みっぱなし

浮きは0回

得点

0　2　4　6　8　10 (回)
コインを投げた回数

　ギャンブルをしているとき、「浮き沈み」を感じることってありませんか？　運がついていて勝ちまくったり、なかなか勝てず負けが込んでいたり…。統計学には、このような **「浮き沈みの流れ」** を説明する法則があります。

　持ち点0点から開始して、コイン1枚を投げて表が出たらプラス1点、裏が出たらマイナス1点とするゲームを10回繰り返すギャンブルがあったとします。コインは歪みがなく、表と裏の出る確率は2分の1。10回の投てきを1セットとして、終了後に勝ち点分の収支を精算します。

## ギャンブルの浮き沈みを表す「逆正弦法則」〔図2〕

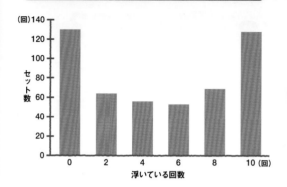

(回)140
120
100
セット数 80
60
40
20
0

0  2  4  6  8  10 (回)
浮いている回数

1セット10回のゲームを500回繰り返し、浮き回数を棒グラフにしたもの。浮き0回と浮き10回に回数が集中している。

**浮き・沈みの定義**：10回中、何回0点のヨコ軸より上にいたかで「浮き」回数を数えた。＋1から負けて0になったときはヨコ軸より上、－1から勝って0になったときはヨコ軸より下と数えている。

**図1**はコインを10回投げた得点の推移をグラフにしたもの。ヨコ軸より上の位置にあるときは「浮き」状態、ヨコ軸より下の位置にあるときは「沈み」状態とします。コインの裏表で決まる、毎回の勝ち負けが半々のギャンブルなので、**図1 A**のように、「浮きと沈みが半々になる」ような状態が起こりやすいと予想する人が多いのではないでしょうか。

ですが、実際のところ、**セット回数を重ねると「浮いている回数が10回」や、図1 Bのように「沈みっぱなし（浮きが0回）」が極端に多くみられるようになる**のです。

**図2**は、このコインゲームを500セット行って観測された「浮いている」の回数の分布です。「沈みっぱなし＝浮いている回数0回」と「浮きっぱなし＝浮いている回数10回」がいちばん起こりやすいグラフが現れるのです。このように、浮いている時間と沈んでいる時間が半々にならず、直感を裏切る現象は、**「レヴィの逆正弦法則」**と呼ばれます。1939年に、フランスの数学者レヴィが発見した不思議な法則なのです。

# 49 ［相関］ 2つの変数の関係は どうやって調べるの？

なるほど！ 質的変数は「**クロス集計表**」、
量的変数は「**散布図**」と「**相関係数**」で判断！

　ここからは、１つのデータに含まれる２つの変数（ x や y のように いろいろな値に変わる数量）の関係を分析する統計を見ていきま す。統計では、変数の種類には「質的変数」と「量的変数」の２種 類があります。それぞれで、複数の変数の間の関係を調べる方法が 違ってくるのです。

　**「質的変数」は、血液型、性別、好き嫌いなど、数字で測ること ができない変数**のことで、**クロス集計表**をつくって、変数の関係を 比べます。例えば、「肉まんは来店客の学生とそれ以外の客で、ど ちらにより購入されたか」を調べる場合は、「学生／学生以外」と「肉 まんの購入／非購入」という２つの変数から、クロス集計表をつく って数値を比較するのが便利です〔**図1**〕。

　一方の**「量的変数」とは、身長、人数、売上など数字で測ること のできる変数**のことで、**散布図**で分析します。例えば、店舗での納 豆とオクラの販売数を調べ、納豆とオクラの販売数に関係があるか どうかを調べるときに、散布図をつくります〔➡ P150**図2**〕。

　散布図から「相関係数」を計算します。**「相関係数」とは、相関 関係の強弱を測る数値**のことです。相関の強弱を−１から１の間の 数で示す指標で、「正の相関」と「負の相関」があります。散布図

# ▶ クロス集計表で質的データの関係を見る〔図1〕

肉まんは、学生とそれ以外の人ではどちらにより購入されたか。「学生／それ以外」「肉まんの購入／非購入」などの質的変数の関係を見るときは、クロス集計表を用いる。

[原表]

| No. | 客層 | 肉まん |
|---|---|---|
| 1 | 学生 | 購入 |
| 2 | それ以外 | 購入 |
| 3 | それ以外 | 購入 |
| 4 | 学生 | 非購入 |
| 5 | それ以外 | 購入 |
| 6 | それ以外 | 非購入 |
| 7 | 学生 | 非購入 |
| 8 | 学生 | 非購入 |
| 9 | それ以外 | 購入 |
| 10 | 学生 | 購入 |

| クロス集計表 | | 客層 | | 合計 |
|---|---|---|---|---|
| | | 学生 | それ以外 | |
| 肉まん | 購入 | 6 | 31 | 37 |
| | 非購入 | 48 | 25 | 73 |
| 合計 | | 54 | 56 | 110 |

学生は54人中6人と肉まんの購入性向が低い!

が右上がりなら**「正の相関」**。**一方が増えるともう一方が増える（一方が減るともう一方が減る）関係**です。散布図が右下がりなら**「負の相関」**。**一方が増えるともう一方が減るという関係**となります。正の相関が強いほど1に近く、負の相関が強いほど−1に近い値をとります。そして、0に近い場合は無相関＝相関関係がないことを意味します〔➡P151**下図**〕。

相関関係は**「共分散」**という数値でも判断できます。**「共分散」とは、散布図の分布のばらつきの大きさと、それが右上がりか右下がりかによって2つの変数の関係性を表すもの**です。「正の相関」ならプラスの値に、「負の相関」ならマイナスの値になります。

このように、「質的変数」「量的変数」など、どんな変数であっても、2つの変数の関係を数値的に分析できるのです。

# 量的変数は散布図で分析する

## ▶散布図で量的変数の関係を見る〔図2〕

量的変数の相関分析を、具体例をもとに手順を追って見てみよう。

例 8つの店舗の納豆とオクラの販売個数から、両者の販売個数に関係があるか調べた。

### ❶集計表から散布図をつくる

集計表の2項目の変数を用いて、散布図を作成する。

[集計表]

| 納品先 | 納豆 | オクラ |
|---|---|---|
| スーパーA | 49個 | 67個 |
| スーパーB | 25個 | 45個 |
| スーパーC | 15個 | 20個 |
| スーパーD | 28個 | 43個 |
| スーパーE | 20個 | 38個 |
| スーパーF | 70個 | 75個 |
| スーパーG | 33個 | 48個 |
| スーパーH | 61個 | 73個 |

### 散布図

散布図は、ヨコ軸とタテ軸にそれぞれの量をとり、変数があてはまる部分に点を打つ。

例 スーパーCの位置

この点は納豆15個、オクラ20個を売ったC店を示す

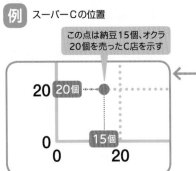

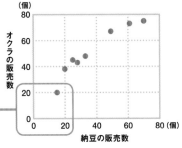

## ❷ 共分散を求める

相関の関係の強さを示す数値。0より大きいなら正の相関、0より小さいなら負の相関となる。

[集計表]

| 納品先 | 納豆 | オクラ |
|---|---|---|
| スーパーA | 49個 | 67個 |
| スーパーB | 25個 | 45個 |
| スーパーC | 15個 | 20個 |
| スーパーD | 28個 | 43個 |
| スーパーE | 20個 | 38個 |
| スーパーF | 70個 | 75個 |
| スーパーG | 33個 | 48個 |
| スーパーH | 61個 | 73個 |
| 平　均 | 38個 | 51個 |

集計表から偏差を求める

[偏差、分散を求める]

| 納品先 | 納豆の偏差 | オクラの偏差 |
|---|---|---|
| スーパーA | 11 | 16 |
| スーパーB | -13 | -6 |
| スーパーC | -23 | -31 |
| スーパーD | -10 | -8 |
| スーパーE | -18 | -13 |
| スーパーF | 32 | 24 |
| スーパーG | -5 | -3 |
| スーパーH | 23 | 22 |
| 分　散 | 352 | 319 |
| 標準偏差 | 19 | 18 |

※偏差の求め方は102ページ参照。

A店納豆の偏差　　A店オクラの偏差

$$\text{共分散} = \frac{(11 \times 16) + (-13 \times -6) + \cdots + (23 \times 22)}{8} = 321.3$$

共分散の公式 ➡ P219　　　店舗数（個体数）

## ❸ 相関係数を求める

相関係数を求め、相関の強弱を判断する。1に近いほど正の相関が、-1に近いほど負の相関が強いことが示される。

$$\text{相関係数} = \frac{321.3}{19 \times 18} = 0.96$$

相関係数の公式 ➡ P219

321.3　共分散

納豆の標準偏差　　オクラの標準偏差

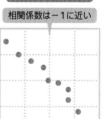

**負の相関**
一方が増えるともう一方が減る関係

相関係数は−1に近い

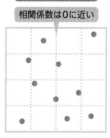

**相関がない**

相関係数は0に近い

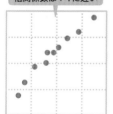

**正の相関**
一方が増えるともう一方が増える関係

相関係数は＋1に近い

## 散布図の形からも、相関の強弱は判断できる！

# 50 ［回帰分析］ 「回帰」して分析する？ 「回帰分析」のしくみ

**なるほど!** 「回帰分析」で関係性の強さを知ることで、 未知の状況を推測することができる!

　2つの調査項目に「相関」があることがわかったら、それを生かす手段を考えたいですよね。オクラがよく売れる店では、きっと納豆も売れるでしょう。その個数を推測できるかもしれません。

　それを可能にするのが**「回帰分析」**です。**右図**上は、150ページで扱った8店舗でのオクラと納豆の販売個数の散布図です。ここに、なるべく多くの点の近くを通るように1本の直線を引きます。これを**「回帰直線」**といいます。ここでいう「回帰」とは、"平均への回帰"を意味します。つまり**回帰直線とは、幅のある数値に対して、それらの平均的な位置に引いた直線**という意味です。

　**回帰直線の傾きは回帰係数**ともいい、2つの変数の調査項目の「関係の強さ」を表します。また、回帰直線は式で表すことができます（回帰方程式 $y = a + bx$）。このときの $b$ が回帰係数です。共分散（➡ P149）を、 $x$ の分散で割り算した値です。

　**この回帰方程式の $x$ に数値を入れることで、未知の状況を推測することができます**〔**右図**下〕。回帰分析を用いて状況を推測することで、例えば、納豆の売れる店に納品するオクラの数の参考にしたり、オクラが売れるのに納豆が売れていない店は、なにか売り方に問題があるかも…などと分析できるようになるのです。

# 回帰方程式から変数を推測する

## ▶ 散布図と回帰直線

なるべく多くの点の近くを通るように引かれた直線を回帰直線という。これにより、一方の変数からもう一方の変数を推測することもできる。

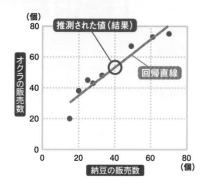

推測された値（結果）

回帰直線

（個）
オクラの販売数
納豆の販売数

推測に用いる説明変数の値
**納豆＝40**

被説明変数の推計値
**オクラ＝53**

×40
↓
×53

回帰直線は納豆（説明変数）の関数（推定量という）としてオクラ（被説明変数）を推測する。納豆が売れる店ならオクラも売れることが推測できる。

※説明変数とは、回帰分析で被説明変数を推測するための変数のこと。

---

**回帰方程式の求め方** 分散や共分散から、回帰方程式を求められる。これで x 値（納豆の販売個数）に値を代入すれば y 値（オクラの販売個数）の値が推測できる。

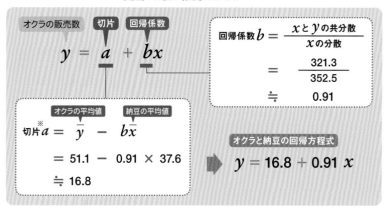

オクラの販売数　切片　回帰係数

$$y = a + bx$$

$$回帰係数 \, b = \frac{x と y の共分散}{x の分散}$$

$$= \frac{321.3}{352.5}$$

$$≒ 0.91$$

オクラの平均値　納豆の平均値

$$切片^{※} \, a = \bar{y} - b\bar{x}$$

$$= 51.1 - 0.91 \times 37.6$$

$$≒ 16.8$$

**オクラと納豆の回帰方程式**

$$y = 16.8 + 0.91 \, x$$

※切片とは、直線とy軸との交点のy座標（直線とx軸との交点のx座標）。

153 知見が広がる！ 統計学の見方とキーワード **2章**

# 51 [相関] 関係ありそうでない？「疑似相関」のしくみ

**なるほど！** 一見、関係がなさそうな2つの変数に、「第3の要因」により強い相関が現れること！

　2つの変数を調べたとき、一見関係なさそうな変数なのに強い相関が出ることがあります。このとき、**「疑似相関」**に注意です。

　疑似相関とは、2つの変数の間には直接の因果関係がないのに、**第3の要因の影響によって、あたかも強い相関があるかのように見える**…というものです。例を見て考えてみましょう〔**右図**〕。

　ある中学校の全男子生徒の身体機能を測定し分析したところ、**「身長の高さ」と「足の速さ」には関係がありそう**なことがわかりました。身長が高い生徒ほど、50m走のタイムがよくなるのです。相関係数でも強い負の相関（➡P149）が現れています。「身長の高さ」と「足の速さ」には因果関係があると思いたくなりますが…。

　結論づける前に、いろいろな角度から原因を考えてみます。**右図**下のように学年別に散布図をつくって相関係数を求めたところ、「身長の高さ」と「足の速さ」の相関は弱いことがわかりました。実は「身長の高さ」「足の速さ」に直接の関係はなく、2つの変数の両方に「学年」が影響したために起こった現象だったのです。ですので、「身長の高さと足の速さはあまり関係ない」と分析するのが正解。

　ここでは第3の要因は「学年」です。相関を見るときには、この**第3の要因を見落とさないよう注意するのが大事**なのです。

# 相関を見つけた場合、第3の要因に要注意！

## ▶身長が高ければ50m走が速い?

**例** ある中学校で男子生徒の身長と50m走のデータを調べたところ、強い負の相関があるとわかった。

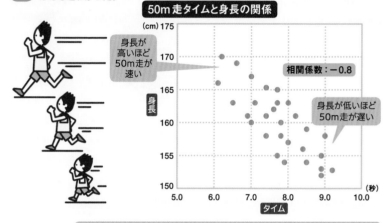

### 50m走タイムと身長の関係

身長が高いほど50m走が速い

相関係数：－0.8

身長が低いほど50m走が遅い

(cm) 身長 / タイム（秒）

---

### 「身長の高さ」と「足の速さ」に本当に因果関係はある?

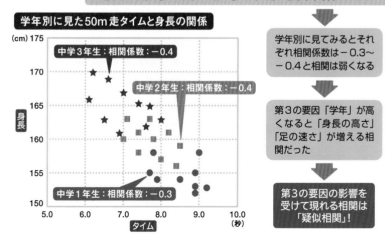

### 学年別に見た50m走タイムと身長の関係

中学3年生：相関係数：－0.4
中学2年生：相関係数：－0.4
中学1年生：相関係数：－0.3

(cm) 身長 / タイム（秒）

学年別に見てみるとそれぞれ相関係数は－0.3～－0.4と相関は弱くなる

第3の要因「学年」が高くなると「身長の高さ」「足の速さ」が増える相関だった

第3の要因の影響を受けて現れる相関は「疑似相関」!

# 「確率論」の起源は
# ゲームの掛け金の分配？

　統計学において、欠かすことのできない「確率論」。これは、フランスの**数学者フェルマーと、哲学者パスカルの手紙のやりとりから始まった**といわれています。どんなやりとりだったのでしょうか？

　1654年、パスカルはフェルマーに次の問題を問いました。「Aさんとアさんはお金を賭けたゲームをしている。先に3回勝つまでゲームは続く。しかし、Aさんが2回勝ち、Bさんが1回勝ったところでゲームが止まってしまった。このとき、2人の掛け金はどのように分配すればよいか？」と。

　途中経過が2勝1敗なので、AさんとBさんで2：1の割合で分配すればよさそうです。でももし2勝0敗で中断した場合、2：0の分配＝Aさんの全取りで納得が得られるでしょうか？

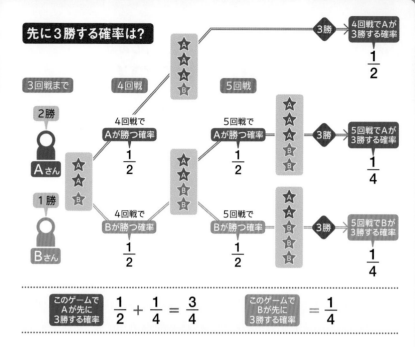

# 先に3勝する確率は?

**3回戦まで**

2勝
**Aさん**

1勝
**Bさん**

☆☆☆B

**4回戦**

4回戦で
Aが勝つ確率
$\frac{1}{2}$

4回戦で
Bが勝つ確率
$\frac{1}{2}$

☆☆☆☆B

☆☆☆BB

**5回戦**

5回戦で
Aが勝つ確率
$\frac{1}{2}$

5回戦で
Bが勝つ確率
$\frac{1}{2}$

☆☆☆☆BB

☆☆☆BBB

3勝
4回戦でAが
3勝する確率
$\frac{1}{2}$

3勝
5回戦でAが
3勝する確率
$\frac{1}{4}$

3勝
5回戦でBが
3勝する確率
$\frac{1}{4}$

このゲームで
Aが先に
3勝する確率
$\frac{1}{2} + \frac{1}{4} = \frac{3}{4}$

このゲームで
Bが先に
3勝する確率
$= \frac{1}{4}$

　フェルマーとパスカルは手紙を交換しながら、ゲームが中断されたときの、**AさんとBさんの、それぞれが勝利するチャンスを分配に反映する必要がある**ことに気づきます。

　つまり、仮にゲームを続行したとして、現在2勝しているAさんが先に3勝する確率と、現在1勝しているBさんが先に3勝する確率を計算し、その確率に基づいて掛け金を分配するのが公平と考えたのです。フェルマーは起こりうる結果をすべて書き起こして、Aさんが先に3勝する確率を$\frac{3}{4}$、Bさんが先に3勝する確率を$\frac{1}{4}$と求め、**AさんとBさんで掛け金の合計を3:1で分配**すれば公平と結論づけたのです。

　この考えが、**現代の「確率論」の起源になった**といわれています。

## 統計学は「科学の文法」である
# カール・ピアソン
### （1857 - 1936）

　ピアソンは、相関係数などの統計的な手法を開発し、多くの科学者に影響を与えたイギリスの統計学者です。

　ピアソンは、大学で数学、物理、法律、文学などを学び、卒業後は応用数学の教授に就任します。自然科学の基礎についての彼の講義は『科学の文法』という本にまとめられました。観察と記述に基づく科学の探究を解説する中で、「科学を言語とするならば、統計は文法のようなもの」と説き、アインシュタインなど多くの科学者に影響を与えたといいます。

　ピアソンは、遺伝学者ゴルトン、生物学者ウェルドンの研究に刺激を受け、生物の遺伝と進化の研究に取り組みます。生物学の問題に対して挑むために、ピアソンは新たな統計学的な手法を次々と生み出しました。この中で開発された相関係数、カイ2乗検定などは現在でも広く使われ、また「標準偏差」という言葉を生んだのもピアソンです。この活躍により、ピアソンはユニヴァーシティ・カレッジ・ロンドンに応用統計学部を創設しました。

　ちなみに、彼の息子エゴンは父の後を継いで統計学の道へ進みました。統計学者ネイマンとともに「仮説検定」「信頼区間」の理論を発表し、推測統計学の基礎を打ち立てます。彼ら親子の開発した手法が、現在の統計学の重要な柱となっているのです。

# 3章

## もっと知りたい！
# 統計学の
# あれこれ

PPDAC サイクル、ベイズ統計学といったむずかしい活用例から、
エビデンス、統計のリテラシーといった理解を深める話まで、
むずかしいけれど興味深い、
そんな統計の話を紹介していきます。

# 52
[基礎]

# ビッグデータとは？
# 統計学と関係するもの？

**なるほど！** 人々の活動から生じる**大規模なデータの総称**。
全数調査に近く、**統計学と相いれない部分も**！

　ＩＴ社会が進むにつれて**「ビッグデータ」**という言葉が出現して
きました。このビッグデータは、統計学と関係するのでしょうか？

　ビッグデータは文字通り「大きいデータ」のこと。現在のＩＴ社
会では、1日当たりにEB（エクサバイト）単位で、データが生まれ
ているといわれます。1EBは1,152,921,504,606,846,976
（約115京）バイトです。このような大きなデータも「ビッグデータ」
で間違いありませんが、一般的に、ビッグデータはもう少し絞った
範囲を指します。

　例えば、ネットショッピングで登録する顧客情報、スマートフォ
ンや交通系ＩＣカードの利用状況、SNSのコメント…など、**世界
中で生成され、日々蓄積されていく情報を称して「ビッグデータ」
と呼ぶ**ことが一般的です〔**右図**〕。ＩＴ技術の進化によって、この大
量の情報を分析することができるようになったわけです。

　交通系ＩＣカードを例に考えると、その利用状況を調べようとす
るときに、カード利用者全数の記録が得られるようになったわけで
す。いわば、母集団がどんなに大きくても、丸ごと観察し分析が可
能になったわけで、**「全数調査」**に近いものといえるでしょう。そ
の意味で、「限られた標本から母集団を推定する」といった、これ

160

までの**統計学のやり方とは、ある種、相いれない部分もある**のです。

　ところで、ビッグデータは全数調査に近いため、誤差はなくなるのでしょうか？　残念ながら、データ収集の過程で測定誤差や偏りは生じてしまいます。

「究極のビッグデータ」ともいえる国勢調査を例に見てみましょう。2020年に行われた国勢調査の回答率は81.3%。とても高い割合といえますが、無回答が確実に存在し、約2割の「漏れ」が生じています。この「漏れ」が全数調査として期待されるデータの信頼性を下げてしまうのです。

　このように、一見ビッグデータと統計学は親和性が高そうですが、互いに異なる分野のものであり、相いれない部分もあるということは知っておくとよいでしょう。

## ▶ビッグデータとは？

業務活動やスマホなどから生じる活動状況データの大規模な集合体のこと。

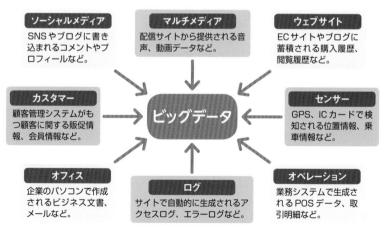

**ソーシャルメディア**
SNSやブログに書き込まれるコメントやプロフィールなど。

**マルチメディア**
配信サイトから提供される音声、動画データなど。

**ウェブサイト**
ECサイトやブログに蓄積される購入履歴、閲覧履歴など。

**カスタマー**
顧客管理システムがもつ顧客に関する販促情報、会員情報など。

**ビッグデータ**

**センサー**
GPS、ICカードで検知される位置情報、乗車情報など。

**オフィス**
企業のパソコンで作成されるビジネス文書、メールなど。

**ログ**
サイトで自動的に生成されるアクセスログ、エラーログなど。

**オペレーション**
業務システムで生成されるPOSデータ、取引明細など。

※総務省「ビッグデータの活用に関するアドホックグループとりまとめ」資料をもとに作成。

# 商品間の関係を分析
# 「アソシエーション分析」

なる
ほど！ 顧客の買い物情報から**パターン**を見つけ、
**同時に購入される確率**が高いものを割り出す！

　スーパーなどで蓄積されるデータは、実際にどのようなことに役立っているのでしょうか？　その分析例のひとつとして、店頭に並ぶ商品間の関係について分析を行う**「アソシエーション分析」**を紹介します。

　アソシエーション分析は、1990年初めにアメリカの企業のIBMが、百貨店に集まるデータ活用に関して相談を受けたときに生まれた分析法です。POSシステム（➡P60）などに蓄積されるデータから、**価値ある組み合わせ（例えば、同時購入されやすい商品）を抽出するための分析法**なのです。

　スーパーを例に見てみましょう〔**右図**〕。手順は、①来店客の購買履歴データを集めて一覧表をつくる　②一覧表から同時購入されやすい組み合わせの確率を求める…といった流れになります。

　例えばこの表では、店頭でキャンディを買った客のうち、同時にナッツを買った客の割合は、3人に2人なので67％と算出されます。つまり、アソシエーション分析では、このように**同時購入される確率が高い商品を洗い出していく**のです。この分析の結果、売り場に同時購入されやすい商品を隣同士に並べておけば、客にとっての利便性は高くなるでしょう。

## ▶ 同時購入されやすい商品を分析

POSデータから、同時に購入される商品を分析するアソシエーション分析。

### ❶購入者データを集める

| | キャンディ | ビスケット | チョコレート | クッキー | ナッツ | せんべい | グミ | かりんとう |
|---|---|---|---|---|---|---|---|---|
| 客A | | 1 | | 1 | 1 | | 1 | 1 |
| 客B | 1 | 1 | 1 | | 1 | 1 | | |
| 客C | | 1 | 1 | | 1 | | 1 | |
| 客D | 1 | | 1 | 1 | | 1 | | 1 |
| 客E | 1 | | 1 | | 1 | | 1 | |

POSシステムなどから、週末の顧客の購入商品を一覧表にする。それぞれの欄には顧客が購入した数が入っている。

### ❷同時購入されるものを把握

一覧表から、3個以上買われている品物を抜き出し、品物ごとに同時購入される確率をまとめる。キャンディ購入者3人のうち、ナッツ同時購入者は2人なので、$\frac{2}{3} \fallingdotseq 67\%$ と計算できる。

| | キャンディ | ビスケット | チョコレート | ナッツ | グミ |
|---|---|---|---|---|---|
| キャンディ | ー | 33% | 100% | 67% | 33% |
| ビスケット | 33% | ー | 67% | 100% | 67% |
| チョコレート | 75% | 50% | ー | 75% | 50% |
| ナッツ | 50% | 75% | 75% | ー | 75% |
| グミ | 33% | 67% | 67% | 100% | ー |

### ❸同時購入をすすめる

キャンディを買う顧客は、チョコレートとナッツを買う確率が高いので、陳列時に一緒に並べたりすることで客は商品を買いやすくなる！

# 54 [基礎] 「エビデンス」って何？ なぜそんなに大切なの？

**なるほど！** データや**客観的事実**で示す**根拠**。
直感より**説得力**があり重要視される！

**「エビデンス」とは「根拠」のこと**で、主観や直感とは違って、客観的な事実に対して使われる用語です。統計学に関連してよく使われる用語ですが、なぜ重要視されるのでしょうか？

　ここで、イギリスの看護師ナイチンゲールの話を紹介しましょう。ナイチンゲールは、近代看護師養成制度の確立で知られていますが、**実は、統計学の基礎を築いた人でもある**のです。

　クリミア戦争の従軍看護から帰国後、ナイチンゲールは政府に衛生管理の改善を訴えます。そのときに、**エビデンスを用いたプレゼン**を行ったのです。

　当時の男性中心のタテ社会で自分の意見を認めてもらうには、より説得力のあるデータや図が必要でした。そこで誰が見てもかんたんに理解できるよう、ナイチンゲールは、独自のグラフを考案します。その形から**「鶏のとさかグラフ」**と呼ばれます〔**右図**〕。

　このグラフから、①野戦病院の死因の多くは、傷よりも病院の不衛生によるもの　②衛生管理に力を入れてからは死者が激減している…ことを明らかにし、政府に反論の余地を与えませんでした。

　意見に説得力をもたせる「エビデンス」は、当時から重要視されていたのです。

# グラフを活用して衛生管理を改善

## ▶ ナイチンゲールの「鶏のとさかグラフ」

ナイチンゲールが、クリミア戦争における兵士の死因を分析したグラフ。

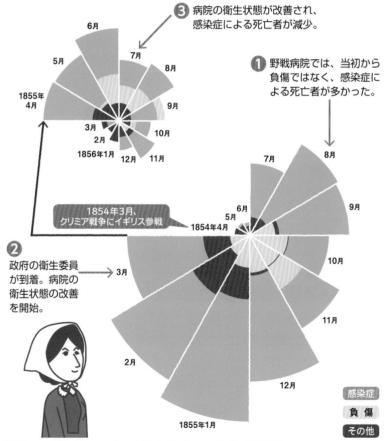

**イギリス陸軍における死亡原因**

❸ 病院の衛生状態が改善され、感染症による死亡者が減少。

❶ 野戦病院では、当初から負傷ではなく、感染症による死亡者が多かった。

6月
5月
7月
8月
1855年
4月
9月
3月
2月
10月
1856年1月
12月 11月

1854年3月、クリミア戦争にイギリス参戦

❷ 政府の衛生委員が到着。病院の衛生状態の改善を開始。

3月

7月
6月
5月
8月
1854年4月
9月
10月
11月
2月
12月
1855年1月

感染症
負傷
その他

※「Diagram of the causes of mortality in the Army in the East」より作成。

# Q 3つのサイコロの合計、 9と10どちらが出やすい？

| 9 | or | 10 | or | 確率が同じで 決められない |

サイコロを使ったギャンブルです。3個のサイコロを振って、その3つの目の合計が9になるか、10になるか。あなたならどちらに賭けますか？　ちなみに合計が9になる目の組み合わせは6通り、合計が10になる組み合わせも同じく6通りです。

　この問題、実は17世紀に話題になったサイコロを使ったギャンブルの問題です。3個のサイコロを投げて、3つの目の合計が9、10となる目の出方は、それぞれ6通りになります。しかし、**なぜかギャンブラーたちは10の目の方が、9の目より出やすいと経験的に知っていました。** この経験則が正しいのかどうか…。この不思

議な問題に対して、イタリアのギャンブル好きの貴族が科学者ガリレイに相談します。ガリレイはこう考えました。

3つのサイコロを投げたときの出目の組み合わせの数は重複組み合わせとなるので、$\frac{6 \times 7 \times 8}{1 \times 2 \times 3} = 56$通り※。しかしこれら56通りは等確率でなく、3つのサイコロはそれぞれ独立していて、3つのサイコロの目の出方はそれぞれ6通りなので、**3つの数字の順序まで考えると、実に216通りの目の出方になる**のです。

あとはすべての組み合わせを書き出せば解決です。3つのサイコロを区別すると、3つの目の合計が9となるのは216通り中25通り、10となるのは216通り中27通りとなります。ガリレイは見事、10の方が出やすいと説明をつけたのです。

この問題、統計でも重要な、場合の数における**順列と組み合わせの違い**がわかっていれば悩まない問題でもあります（⇒P133）。

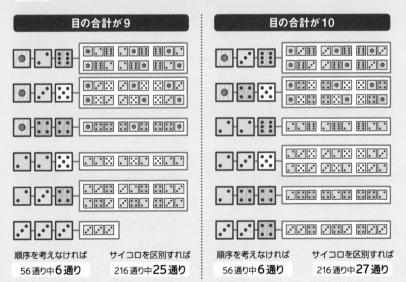

| 目の合計が9 | |
|---|---|
| 順序を考えなければ **56通り中6通り** | サイコロを区別すれば **216通り中25通り** |

| 目の合計が10 | |
|---|---|
| 順序を考えなければ **56通り中6通り** | サイコロを区別すれば **216通り中27通り** |

※サイコロの目1～6から、重複を許して3つ取り出す組み合わせを計算している。

# 55 [活用例]
# 統計からざっと見積もる「フェルミ推定」って何?

なるほど!

調査がむずかしい事柄などを、
**短時間で論理的に見積もる手法**!

　日本に電柱は何本あるでしょうか?　このように、数えるのがかなり大変で見当もつかないものを、概算で求める方法があります。

　調査がむずかしいものを、**統計などを手掛かりに、短時間で論理的に見積もること**を「フェルミ推定」と呼びます。イタリアの物理学者フェルミは、データのない状態から短時間で答えを見積もるのが得意で、彼にちなんで名付けられたといいます。

　実際に求めてみましょう。日本に立つ電柱数は、「面積当たりに電柱が何本あるか」から求められそうです。電柱は居住地(可住地)に立ち、都市とそれ以外では電柱数にも差がありそうです。そこで、可住地を都市部とそれ以外とでざっくり1:1に分けて考えます。

　直感から、電柱は都市部では50m間隔(50m四方に電柱1本)、それ以外は100m間隔(100m四方に電柱1本)と仮定します。以上を統計を参考に計算すると、**日本にある電柱数は約3,100万本と求められます**。ちなみに国土交通省の調査では**全国の電柱数は約3,500万本**であり、近似値といえるでしょう。

　フェルミ推定では**根拠とした統計や推定のやり方で結論がばらつきます**。きちんとしたデータに基づかない粗い見積もりですが、集計データにひどい間違いがないか、エラーチェックなどに使えます。

# 短時間でざっくりと概算する推定

## ▶日本にある電柱の本数は?

単位面積当たりの電柱の本数がわかれば、求められると仮定する。

可住地の割合は
**33%**
（総務省統計局）

日本の面積
**38万km²**

### ❶ 電柱は住居の近くに立つ

電柱は居住地（可住地）に立つ。また都市とそれ以外では電柱の本数も違う。そこで可住地面積のうち、都市とそれ以外の面積の比率を1：1と仮定。

### ❷ 電柱はどのくらいの間隔で立っている?

直感から、都市では50m間隔で電柱が、それ以外では100m間隔で電柱があり、可住地以外は電柱がないと仮定する。

都市の電柱
面積
**2,500m²**
50m　50m
1km²あたり400本

それ以外の電柱
面積
**10,000m²**
100m　100m
1km²あたり100本

### ❸ 日本全国の電柱の本数を見積もる

統計の数字を当てはめて、全国の電柱の本数を見積もる。

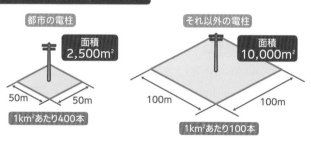

日本の
可住地面積 ＝

日本の面積
380,000km²

可住地の割合(33%)
× 0.33

可住地面積
＝ 125,400km²

日本全国の
電柱数 ＝

50m四方に1本の場合
1km²あたりの電柱数

100m四方に1本の場合
1km²あたりの電柱数

$$125{,}400 \times \frac{1}{2} \times 400 + 125{,}400 \times \frac{1}{2} \times 100$$

電柱の数　都市の可住地面積　　それ以外の可住地面積

＝ 約**3,100**万本

もっと知りたい！ 統計学のあれこれ **3**章

# 56
[基礎]

# 統計学で問題解決
# PPDACサイクルとは？

**「調査の計画」「データの収集」を盛り込んだ、統計学ならではの問題解決サイクル！**

　問題解決の手順として、PDCA（Plan、Do、Check、Action）サイクルという考え方がありますが、統計においては**PPDACサイクル**で考えていくそうです。どんな手順なのでしょうか？

　これは、統計を使った問題解決までのステップを、P（Problem）**「問題の発見」** → P（Plan）**「調査の計画」** → D（Data）**「データ収集」** → A（Analysis）**「分析」** → C（Conclusion）**「結論」** に分割、またP（Problem）に戻るという考え方です〔**右図**〕。

　**PPDACは、データを用いた調査分析を行う際に、人がどのように考え、行動するかの工程を整理したもの**です。あくまで、データの収集や分析は「目的」ではなく、問題解決までの「手段」です。データ集めやエビデンス探しが目的になると、見当違いの結論にも飛びつきがちです。実際に問題を発見し、解決への計画立案という工程があってこそ、データを収集・分析する意義があるのです。

　また、円環になっているため、**「結論」で新しい問題が見つかったなら、**また新たなPPDACサイクルを回していけるのです。

　この問題解決サイクルは広く使われていて、ニュージーランドや日本の統計教育では、科学的探究の手順を学ぶ教材としても用いられています。

## ▶ PPDAC サイクルとは?

あるデータについて、感じた疑問や問題点を、統計を活用して分析し、また新たな問題を発見するための流れ。

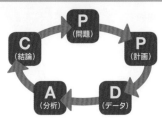

**P** Problem（問題）

**問題の発見**

あるレストランで、ランチのサービスドリンクは、コーヒーか緑茶かどちらが人気かを知りたい。

人気はどっち?

**P** Plan（計画）

**調査の計画** 来店者にアンケートを取る計画を立て、質問を考える。

**D** Data（データ）

**データの収集**

アンケートを実施・回収して、表にまとめる。

|  | コーヒー | 緑茶 | それ以外 |
|---|---|---|---|
| 男性(60歳～) | 15人 | 10人 | 3人 |
| 女性(60歳～) | 5人 | 19人 | 4人 |
| 男性(40～59歳) | 17人 | 2人 | 9人 |
| 女性(40～59歳) | 9人 | 9人 | 10人 |
| 男性(20～39歳) | 12人 | 3人 | 13人 |
| 女性(20～39歳) | 8人 | 9人 | 11人 |

**A** Analysis（分析）

**調査の分析**

グラフをつくるなどして、客の意見を分析。

(人) 30

20

10

0

男　女
(60歳～)

男　女
(40~59歳)

男　女
(20~39歳)

**C** Conclusion（結論）

**調査の結論**

年代で人気が異なることがわかり、さらにまた、コーヒーと緑茶以外を求める客が多いこともわかった。

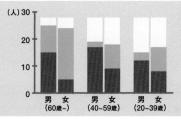

新たな問題の発見

ドリンクの種類を増やそう!

# 57
[活用例]

# グラフを使えば、
# パン屋のウソが見抜ける?

**なるほど!** 経験的に**分布がわかっているグラフ**で、
**形がいつもと違っていれば怪しい!**

**グラフを用いて、人のごまかしやウソを見抜ける方法**があるそうです。どういうことでしょうか?

第二次世界大戦直後のドイツでは食料は配給制で、特にパンは1人1日200gと決められ、各地区のパン屋から配給されました。

ある日、物理学の博士が自分の地区のパン屋に対し、「パンが小さい」と不正を指摘しました。博士は数か月間、そのパン屋から渡されたパンの重さを量ってグラフをつくりました〔**右図**1回目〕。グラフは自然なばらつきを示すものの、**その平均は195g**。正しい重さではありません。当局への報告を恐れたパン屋は、ごまかしを正すことを博士に約束します。

数か月後、博士はまたパン屋に警告しました。不正の指摘後から渡されたパンの重さからつくったグラフは、前のグラフとは異なり、**規定の200gより左側が不自然に切れた形になっていたのです**〔**右図**2回目〕。実はこのパン屋、指摘後に博士にだけ200g以上のパンを渡し続けていたのです。博士は、グラフの形の不自然な変化から、パン屋はまだ不正を続けているとわかったのです。

このように、**経験的に判明しているグラフの形から異常を検知するやり方**は、製造業などで使われています。

# おかしな形のグラフには要注意

## ▶ 配給のパンの重さが軽い?

グラフを用いて、配給パンの特徴をとらえ、不正を見抜いた。

### 配給パンの重さが怪しい?

博士は毎日、パン屋から配給された
パンの重さを量っていた。数か月間
かけてデータを収集したところ、パ
ン屋の不正に気づく。

### 1回目
### 平均値から
### 不正を見破る

パン屋にグラフを見せて、
配給のパンは200gと
いう決まりなのに、平均
195gのパンを渡し続
けてきたことを指摘。

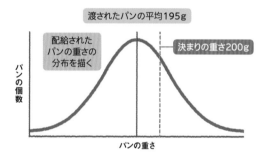

渡されたパンの平均195g

配給された
パンの重さの
分布を描く

決まりの重さ200g

パンの個数

パンの重さ

### 2回目
### グラフの形から
### 不正を見破る

不正の指摘後から渡され
たパンの重さでグラフを
つくったところ、不自然
な分布を示す形になった
ことから、パン屋は不正
を続けていると判断した。

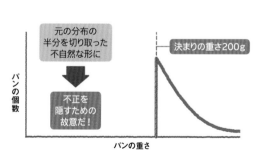

元の分布の
半分を切り取った
不自然な形に

⬇

不正を
隠すための
故意だ!

決まりの重さ200g

パンの個数

パンの重さ

※ガモフ「PAZZLE MATH」をもとに作図。

# ATMに何人来るかわかる？「ポアソン分布」のしくみ

**なるほど！** 一定期間にどのくらいの確率で事象が起こるのか、を判断できる確率分布！

　給料日などには非常に混むATM。「ATMは１日何人ぐらい利用する？」という疑問を、統計による確率分布で表すことができます。「あるATMに１時間にやってくる人数」など、一定時間内にある事象が何回起こるかの統計をとると、その確率分布は**「ポアソン分布」**に近くなることが多いといわれます。ポアソン分布とは、フランスの数学者ポアソンが見つけた「離散型確率分布」のことで、**右図**上のような計算式から求められます。この離散型確率分布とは、サイコロの目のようにとびとびの値をとる「離散型」の確率変数において、各値が実現する確率を確率変数の関数に見立てたものです（➡P126）。

　例えば、ATMの１時間あたりの平均利用者数が２人の場合、**右図**下のように、１〜２人が訪れる確率が高いとわかります。その一方で、客が１人も来ない状況と、客が４人やってくる状況も約10%の確率で起こりうることがわかるのです。

　このように、**一定時間当たり平均λ回起こるランダムな事象が、その一定時間内に何回発生するのか**を、ポアソン分布で表すことができるのです。この分布を利用して、ATMの設置台数は考えられたりしているのです。

# 一定期間に事象が生じる確率分布

## ▶ ポアソン分布とは?

一定時間当たり平均 $\lambda$ (ラムダ) 回起こるランダムな事象が $k$ 回発生する確率は、ポアソン分布で表すことができる。

ポアソン分布の確率関数 一定時間当たりの平均回数がわかれば、その値の確率が計算できる。

$$P(k) = \frac{\lambda^k e^{-\lambda}}{k!}$$

一定時間内に $k$ 回発生する確率

$\lambda$ = 一定時間当たりの平均回数

$k$ = 事象の起こる回数

$e$ = ネイピア数(およそ2.7)

**例** 1時間あたりの平均来客数2人のATMに、4人の客が来る確率は?

$$P(4) \fallingdotseq \frac{2^4 \times 2.7^{-2}}{4!} \fallingdotseq 0.09(9\%)$$

4の階乗は 4×3×2×1と計算

ポアソン分布<br>(1時間当たり平均来客数2人の場合) 1時間当たりの平均利用者数がわかれば、どのくらいの人数の来客があるか、確率から判断できる。

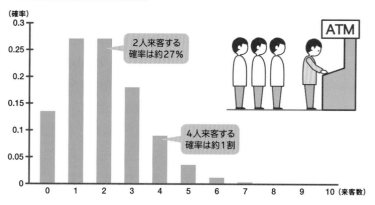

2人来客する確率は約27%

4人来客する確率は約1割

# これも標本調査?「ブートストラップ法」

たくさんの**再標本を観測**して、
推定精度を判断する方法!

　標本調査にもいろいろなやり方や種類があります。ここでは**「ブートストラップ法」**という方法を紹介します。

　ある母集団から、例えば100個のデータを抽出して標本を得たとします。この「100個のデータを観測する」という作業をたくさん繰り返して、その「標本のばらつき」を観測し、仮想の母集団を推定することが、ブートストラップ法の考え方の基本です〔→P178 **図2**〕。**「100個を抽出」したという作業が、どの程度ランダム性に左右されるのかを観測するために行われる手法**です。

　このとき、母集団を仮想する方法として**「最尤推定」**を用います。最尤推定とは、**観測データから、それを生んだ母集団を推定する方法**です。「考えられる母数（平均や分散など母集団を特徴づける値）のうち、すでに観測された標本が得られる確率が最大となる値が、その母数の推定値としていちばん尤もらしい」との推定を行います。

　例えば、人口100万人のA市で、ある政党の支持率を調べるために無作為抽出で100人に回答を求めたところ、60人が支持、40人が不支持と答えました。このとき、得られた100人（標本）のうちの60%が支持と回答していることから、「A市におけるある政党の支持率は60%」と直感で推定できますよね。この「支持

## ▶ 最尤推定の考え方 〔図1〕

例 A市にて、ある政党について支持するかどうかを無作為に100人に聞いたところ、60人が支持すると回答し、40人が不支持と回答した。A市におけるある政党の支持率 $\theta$（シータ）はいくつか？

支持と回答する確率を p、不支持と回答する確率を 1-p として、今回観測された標本「100人中60人が支持、40人が不支持」が得られる確率を考える。

例えば、p＝1%とした場合、「支持の回答が60人」は、ほぼあり得ない現象が起きたことに。

例えば、p＝60%とした場合、実際に調査で100人中60人が回答しており、起きやすい現象が起きたことに。

支持率は60%！

$\theta$＝60%と考えるのが、よりもっともらしい！

率60％」という値が、最尤推定から求められた母集団の推定値となるのです（くわしい計算は省きますが、**図1**のように判断します）。

そして、**この最尤推定された母集団の推定値の精度を判断するときがブートストラップ法の出番**。「100個の標本を抽出する」操作（**リサンプリング＝再標本**と呼びます）を繰り返し、そこから再標本の分布（平均値やばらつきなど）を求めます〔➡ P178 **図3**〕。再標本の数を積み重ねれば、再標本の確率分布がより正確にわかるため、母集団（の平均など）を推定する精度を判断できるのです〔➡ P179 **図4**〕。

ブートストラップ法では、本来なら推定母集団100万人から100人を抽出（同一人を重ねて選ばない「非復元抽出」）すべきなのかも知れませんが、便宜上、100個の観測値から重複を許す**「復元抽出」**で、100個の値を取り出すのが通例です。

# 推定精度を判断できる

## ▶ ブートストラップ法とは？〔図2〕

母集団から標本を抽出し、その標本から復元抽出を繰り返してたくさんの再抽出データを得て、そのデータから母集団の推定精度を判断する方法。

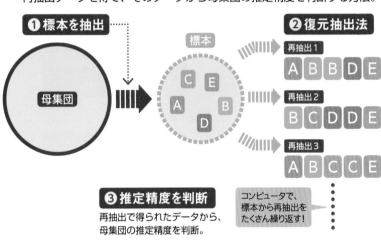

**❶ 標本を抽出**

標本

母集団

**❷ 復元抽出法**

再抽出1 A B B D E

再抽出2 B C D D E

再抽出3 A B C C E

コンピュータで、標本から再抽出をたくさん繰り返す！

**❸ 推定精度を判断**

再抽出で得られたデータから、母集団の推定精度を判断。

## ▶ 再標本とは？〔図3〕

原標本を母集団の代表と見立てて、そこからさらに標本抽出する作業のこと。

**例** 子どもはいくらお年玉をもらっているのか？
5人の子どもを無作為抽出し、再抽出してみる。

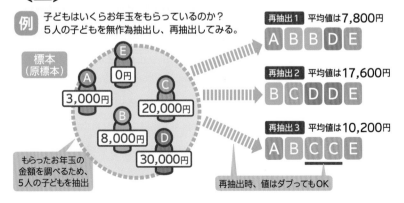

標本（原標本）

E 0円
A 3,000円
C 20,000円
B 8,000円
D 30,000円

もらったお年玉の金額を調べるため、5人の子どもを抽出

再抽出1 平均値は**7,800円** A B B D E

再抽出2 平均値は**17,600円** B C D D E

再抽出3 平均値は**10,200円** A B C C E

再抽出時、値はダブってもOK

# ▶ ブートストラップ法の例〔図4〕

例 A市にて、ある政党について支持するかどうかを、無作為に100人に聞いたところ、60人が支持すると回答し、40人が不支持と回答した。この調査をブートストラップ法で推定する。

## ❶ 最尤推定を行う

100人を無作為抽出したところ、支持は60人、不支持は40人だったことから、A市のある政党の支持率は60%、不支持率は40%がもっともらしい推定値となる。

支持?
不支持?
支持します

## ❷ 標本を再抽出する

上記調査の回答者100人を標本として、再抽出を繰り返す。

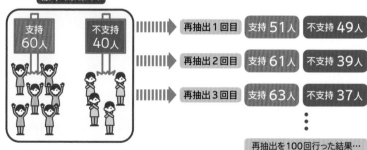

標本（原標本）

| 支持 60人 | 不支持 40人 |

再抽出1回目　支持 51人　不支持 49人

再抽出2回目　支持 61人　不支持 39人

再抽出3回目　支持 63人　不支持 37人

再抽出を100回行った結果…

## ❸ 再抽出データから推定精度を判断

再標本をたくさん繰り返し、分散や標準偏差などを求めて推定精度を判断する。

支持の平均：　61.4人

不支持の平均：38.5人

分散：　29.3

標準偏差：　5.4人

もっと知りたい！ 統計学のあれこれ 3章

# 60 薬が本当に効いているか、どうやって調べている?
[活用例]

**なるほど!** 投薬した患者と、していない患者を、
**ランダム**に**グループ化**して**比較試験**する!

　薬が病気に本当に効いているかどうか、どうやって判断している
のでしょうか? それを調べるための統計的な試験が、約80年前
に初めて実施されました。

　20世紀中ごろまで、結核は有効な治療薬がない恐るべき感染症
でした。1946年、イギリスの医学研究審議会は**結核薬ストレプト
マイシンの評価に統計学の理論に基づく試験**を行いました〔**右図**〕。

　試験は、投薬している患者と、していない患者を混ぜたグループ
と、投薬していない患者だけのグループに分けて、研究者がどちら
のグループに属する患者かわからない状態**(盲検化)**で評価を行う
というものでした。

　ここで大事なのは、投薬する前に全体の被験者をランダムに2つ
のグループに分け、そのうえで、一方のグループの一部の患者に投
薬することです**(ランダム化比較試験)**。これは、研究者が患者の
状態を見て振り分けると、偏りが生じて試験の信頼性が失われるた
めです。この試験により、客観的な所見が得られ、ストレプトマイ
シンの効果を証明することができました。

　現在も、ランダム化比較試験は客観的に治療効果を評価する試験
として使われています。

# 治療効果を判断するランダム化比較試験

## ▶ 治療薬は本当に効いている?

結核治療薬の試験では、研究者と患者に知られずにランダムで2つのグループに分け、第三者の目からその効果を確かめた。

**結核患者 107名**

### ❶ ランダム化、盲検化

患者を2つのグループに分ける。このとき、ランダムに割り振りをすること(ランダム化)、研究者と患者にどちらのグループか知られないようにすること(盲検化)が重要。

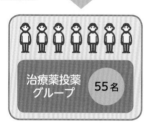

治療薬投薬グループ 55名

安静グループ 52名

### ❷ 投薬
治療薬を用いたグループと、治療薬を使わないグループで対照試験を行った。

### ❸ 効果の評価
グループの振り分けを知らない人が結果を判定する。この試験では、試験を知らない医者により検査されたため、客観的な所見が得られた。

### ❹ 試験の結果
治療薬を用いたグループの方が死亡率は少なく、症状も改善。治療薬の有効性が確認された。

|  | 治療薬投薬グループ | | 安静グループ | |
|---|---|---|---|---|
| 大きく改善 | 28 | (51%) | 4 | (8%) |
| 中程度の改善 | 10 | (18%) | 13 | (25%) |
| 変わらず | 2 | (4%) | 3 | (6%) |
| 中程度の悪化 | 5 | (9%) | 12 | (23%) |
| 大きく悪化 | 6 | (11%) | 6 | (11%) |
| 死亡 | 4 | (7%) | 14 | (27%) |

※出典:The British Medical Journal「Streptomycin Treatment of Pulmonary Tuberculosis」

# Q 検査で陽性と判定！ でも本当に感染してるの？

| 99%くらい | or | 半分くらい | or | 1%未満 |

1万人に1人の割合（0.01%）で人間に感染するウイルスが流行しています。Aさんがこのウイルスに感染しているかどうか検査したところ、「陽性」の判定が出ました。検査の精度は99%です。Aさんが実際に感染している確率は、どのくらいでしょうか？

　精度99%の検査で陽性が出たのなら、誰しも99%の確率で感染していると考えるでしょう。しかし、落ち着いて考えてみましょう。検査前に「感染症の罹患率は0.01%」といわれている状況下で、検査後に「99%の精度で陽性」が起こったことを。これは、141ページで紹介した**条件付き確率**で解き明かせる問題なのです。

それぞれの項目を、条件付き確率の計算式に当てはめてみましょう〔下図〕。ここでは「検査で陽性となったとき、実際に感染症にかかっている確率」を求めます。条件付き確率の計算式には、「陽性になる確率」と「感染し、しかも陽性になる確率」が必要となります。

　ここで、「陽性になる確率」とは、「感染し、しかも陽性になる確率」＋「感染しないが（偽）陽性になる確率」です。しかし、**感染する確率が1万に1つなのに対し、偽陽性率（陽性と誤診される確率）は100に1つですから、後者のほうがずっと多い**のです。

　そして、「検査で陽性となったとき、実際に感染している確率」は、下図の計算より、0.9999 × 0.01 ＝ 0.0099、つまり0.99%≒1%に満たない数値と求められます。

　このように、1万人に1人といった感染率の低いウイルスだと、陽性になっても感染していない可能性が高いのです。これが**「検査陽性のパラドックス」**と呼ばれる、**「99%なら間違いない！」**という直感に反する現象です。

## 条件付き確率の公式

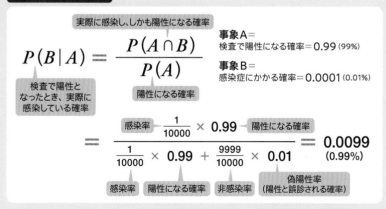

実際に感染し、しかも陽性になる確率

$$P(B|A) = \frac{P(A \cap B)}{P(A)}$$

検査で陽性となったとき、実際に感染している確率

陽性になる確率

事象A＝
検査で陽性になる確率＝0.99 (99%)

事象B＝
感染症にかかる確率＝0.0001 (0.01%)

$$= \frac{\frac{1}{10000} \times 0.99}{\frac{1}{10000} \times 0.99 + \frac{9999}{10000} \times 0.01} = 0.0099 \ (0.99\%)$$

感染率　　陽性になる確率

感染率　陽性になる確率　　非感染率　　偽陽性率（陽性と誤診される確率）

※この記事の「精度99%」とは、偽陽性率も偽陰性率も等しく1%という特殊な想定です。現実の疫学検査に当てはまるとは限りません。

# 標本調査の標本サイズは
# いくつにすればいい?

**なるほど！** 信頼区間の設定がカギを握り、
信頼区間の許容幅が標本サイズを決める！

　世論調査や意識調査などの大規模調査では、どのくらいの人数に
聞けばよいのでしょうか?　以下では、「支持」「不支持」などの2
択の回答から、母集団全体における支持率を推定する調査を考えて
みます。

　回答者数**（標本サイズ）**を決める場合、**大切なのは標準誤差と信
頼区間**です（➡P118）。標準誤差は、標本サイズの平方根に反比
例します。そして、点推定値±標準誤差の定数倍を「信頼区間」と
します。その定数は信頼度が高いほど大きくなり、信頼区間の幅は
拡大するものなのです。

　つまり、**調査結果の信頼区間の幅の設定で、標本サイズは決まる
といってよい**でしょう。例えば、95%信頼区間を上下5ポイント（全
幅10ポイント）に抑えたいと考えた場合、**図1**の公式から約380
人の回答者が必要と計算できます。あとは、回答者（標本）をラン
ダムに選び出し、母集団の縮図となるように注意して回答を集めれ
ばよいのです。

　信頼区間は、標本サイズが大きく、信頼度が低いほど狭くなりま
す。**図2**を使えば、信頼度と信頼区間の幅から、必要な標本サイズ
を逆引きすることもできるのです。

# 信頼区間の幅から標本サイズが決まる

## ▶標本サイズの求め方〔図1〕

標本調査に必要な標本サイズは、右の計算式で求められる。信頼区間の幅がどの程度までなら許容できるかを、あらかじめ決めておく。

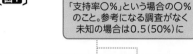

回答比率 p

「支持率〇%」という場合の〇%のこと。参考になる調査がなく未知の場合は0.5（50%）に

$$標本数\ n = \lambda^2 \frac{p(1-p)}{d^2}$$

信頼区間 λ

信頼度95%なら、点推定±1.956×標準誤差とする。

許容幅 d

許容できる信頼区間の幅。±5ポイントに抑えたい場合は0.05とする。

**例** 95%信頼区間を±5ポイント幅に抑えたい場合、どのくらいの人数に無作為に聞けばよい？

$$1.956^2 \times \frac{0.5(1-0.5)}{0.05^2} = 384$$

384人の回答が必要

## ▶95%信頼区間の幅〔図2〕

標本サイズが大きいほど、信頼区間は狭まる。信頼区間の幅と、予想される回答比率から、所要の標本サイズを逆引きできる。

| 標本サイズ (n) | 調査対象者の回答比率（支持率や視聴率など） | | | | |
|---|---|---|---|---|---|
| | 10% または90% | 20% または80% | 30% または70% | 40% または60% | 50% |
| 3,000 | ±1.1 | ±1.4 | ±1.6 | ±1.8 | ±1.8 |
| 2,000 | ±1.3 | ±1.8 | ±2.0 | ±2.1 | ±2.2 |
| 1,000 | ±1.9 | ±2.5 | ±2.8 | ±3.0 | ±3.1 |
| 500 | ±2.6 | ±3.5 | ±4.0 | ±4.3 | ±4.4 |
| 100 | ±5.9 | ±7.8 | ±9.0 | ±9.6 | ±9.8 |

信頼区間の幅を±3ポイントに抑えたい場合は、1,000人の回答者が必要とわかる

もっと知りたい！ 統計学のあれこれ **3**章

# 62 ランダムに選ぶって
[基礎] どうやるの?

**なる
ほど!** 標本に**選ばれる確率が等しくなるように、**
「**単純無作為抽出法**」などで標本を抽出!

　標本調査では、**標本を「無作為」に、つまりランダムに選ぶこと**
が大事です。そうでないと標本が偏って、間違った推測につながっ
てしまいます。しかし、どうやって調べれば、無作為にすることが
できるのでしょうか?

　無作為抽出で基本となる方法は「**単純無作為抽出法**」です〔**図1**〕。
これは、母集団のすべての要素を等確率で標本として抽出する方法
です。標本抽出をする際には、**乱数や系統抽出法（〇〇人目ごとに
調査する方法）などを用います**。

　ところで、母集団の性格によっては、属性が極端に異なる複数の
階層から構成されていて、それらの中に数こそ**小さいものの、全体
への影響が無視できない重要な階層**が含まれていることがあります。

　例えば、所得調査においては、高額所得者の階層がそれにあたり
ます。単純無作為抽出だと、その階層からは観測値が1つ入るか入
らないか、ですが、それが入るか入らないかによって**標本全体の平
均や分布などが大きく左右されてしまう**のです。

　このようなときに推定精度を高めるのが、「**層化抽出法**」です〔**図2**〕。
母集団を階層に分け、各層ごとに無作為抽出を行い、それらを各層
の母集団内構成比で加重して標本を形成するのです。

# 偏りが出ないように標本をつくる

## ▶ 単純無作為抽出の方法〔図1〕

**❶ 乱数を使う方法** 乱数を使って標本を抽出する方法。

**1 母集団に番号を振る**

母集団を用意し、要素1つ1つに番号をつける。

00001 00002 ········
···· 05000 05001 ····
········ 09999 10000

**2 乱数で番号をつくる**

乱数をつくり、母集団につけた番号と一致した要素を抽出。

08925 = 08925

例えば、乱数さいで乱数を発生

**3 標本サイズまで抽出**

標本サイズと同じ数になるまで、母集団から標本を抽出。

00079 01850
02734
03675 04586
07853
08925 09153

**❷ 系統抽出法** 最初だけ無作為に決めて、そこから等間隔で抽出する方法。

最初に調査対象を無作為に抽出する

最初の調査対象から、一定の間隔で調査対象を選んでいく

## ▶ 層化抽出法〔図2〕

属性で母集団を層で分け、層ごとに標本を抽出する方法。

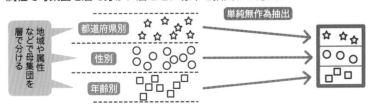

地域や属性などで母集団を層で分ける

単純無作為抽出

都道府県別

性別

年齢別

# ランダムと勘違いする 「クラスター錯覚」

明日 話したくなる 統計の話 10

## AとBはどちらがランダム？ 〔図1〕

| グラフA | グラフB |
|---|---|

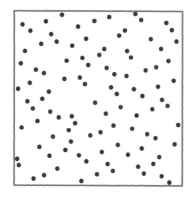 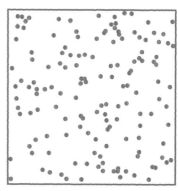

**無作為＝ランダムとは、何も法則性がなく、意思や感情の作為が加わらない、先が予測できない状態のこと**です。統計では、ランダムを検証するには乱数（不規則かつ等確率で現れる数字➡P186）がよく使われます。

さて、上の図のどちらかは、その乱数を使ってランダムに発生させた数字からつくったグラフです〔図1〕。ランダムにつくられたのは、**A**と**B**のどちらでしょうか？

正解は、**B**のグラフです。実は、多くの人が**A**のグラフをランダムな図と答えてしまうという検証結果があるのですが、**A**のグラフ

## クラスター錯覚のおもな例 〔図2〕

20回連続でコインを投げた場合、そのうち表が4回連続出るのは珍しくなく、確率は約50%と高い。

4回連続表は珍しくない!

歌手が被らない方がランダムと思いやすい

[ランダム]

| 曲名 | 歌手 |
|---|---|
| ***-**** | 統計太郎 |
| ○○○○ | 統計太郎 |
| XX-123 | SS確率 |
| YYの夜明け | statistics |

[自然にみえるランダム]

| 曲名 | 歌手 |
|---|---|
| ***-**** | 統計太郎 |
| YYの夜明け | statistics |
| ○○○○ | 統計太郎 |
| XX-123 | SS確率 |

一部の音楽プレイヤーのシャッフル再生は、同じアーティストの曲は連続で選ばれにくくなっており、あえて自然なランダムさを演出している（完全ランダムではない）。

は、あえて点が重ならないように意図して配置したものなのです。一方、**B**のグラフは、点のかたまりなどがあって偏って見えるので、あまりランダムっぽく見えません。

　この現象は、コイン投げを例に考えるとわかりやすくなります。コイン投げはランダムに表と裏が出るものですが、表が続けて4回出たら多くの人は驚くでしょう。ただ、20回連続でコインを投げた場合、ある種のかたまり、例えば表が4回連続する確率は、実は約50%もあるのです〔**図2**〕。つまり、ランダムである以上、**B**のグラフのように点のかたまりができる方が自然なのです。

　このように、**ランダムにおいて必然的に生じる出来事を「ランダムではない」と錯覚してしまうことを「クラスター錯覚」といいます**。心理学的に、人の脳は雲から動物の姿を連想するなど、意味がありそうなパターンをつい読み取ってしまう傾向があり、そこから生じる錯覚といわれています。

# 63 「ベイズ統計学」とは?
## [ベイズ] 何に役立つもの?

 **なるほど!** 「ベイズの定理」を基礎とした統計学。**事前情報を活用**しつつ、結果から原因を推測する手法!

　ここまで紹介してきた統計の理論とは、ひと味違う「ベイズ統計学」をご存知でしょうか?　これは、イギリスの牧師ベイズが考案した「ベイズの定理」を基礎とした統計学です。このベイズの定理を用いて、事前情報を活用しつつ、観測データ（結果）から、推定したい事柄（原因）を推測する**「ベイズ推定」**という手法が注目を集めています〔**図1**〕。

　このベイズ推定は応用範囲が広く、**迷惑メールの判別**、**検索エンジンの予測変換機能**、**ネット通販のリコメンド機能**、**機械学習**などで実際に活用されており、現代のIT技術に欠かせない理論ともいえるでしょう。ベイズ推定は、データが不十分でも推定ができ、新しい観測データを逐次取り入れて推定の精度を高められるなど、**従来の統計学とは違う手法で推測を進められるメリット**があります。

　結果＝観測されたデータから、原因＝真の母分布やパラメーターの値などを「逆算」する、という方向性自体は、ベイズ統計学に限らず推測統計全般に共通のものです。

　ここで推測すべきパラメーターの真の値などは、本来、確率変数ではありません。しかし、それを直接観察することができないために、**それをあたかも確率変数であるかのように見なす…というのが、**

# ▶ベイズ推定〔図1〕

ベイズの定理によって、原因（仮定）の確率は、結果（観測データ）から推定できる。これは、条件付き確率と乗法定理（➡P142図3）を整理した式でもある。

原因Aのとき、結果Bが得られるもっともらしい確率

観測前に仮定された原因Aが成立する確率

尤度（ゆうど）

事前確率

事後確率

$$P(\text{原因A} \mid \text{結果B}) = \frac{P(\text{結果B} \mid \text{原因A}) \times P(\text{原因A})}{P(\text{結果B})}$$

結果Bが得られた確率

結果Bが得られたときその原因がAである確率

観測データから得られた結果Bの起こる確率

**ベイズ統計学の考え方**なのです。

まず、データを観測するより前に、その推定すべきパラメーターの**「事前確率分布」**を、データ以外の何らかの情報に基づいて想定します。次に、新たなデータが観測されるたびに、事前に想定した確率分布を、ベイズの定理によって更新して、**「事後確率分布」**を算出します〔➡P192図2〕。

そして、新たな観測データが加わるたびに、その直前に算出されていた事後確率を「新しい事前確率」と見立てて、事後確率を逐次更新していくのです。これが**「ベイズ更新」**です。この更新を繰り返せば、より正確な「事後確率」を求められるということなのです〔➡P193図3〕。

ベイズの考え方については、194ページでもくわしく解説していきます。

# ベイズの定理で結果から原因を求める

## ▶ ベイズの定理で求める〔図2〕

例 X箱の中には黒の碁石2個、白の碁石4個。Y箱の中には、黒の碁石4個、白の碁石2個が入っている。さて、片方の箱から碁石を1つ引いたら黒の碁石が出た。この箱がX箱である「事前確率」は？

X箱

Y箱

### ❶ 事前確率を決める

原因A（X箱から黒の碁石を引く）の確率が事前にわからない場合は、X箱かY箱かを選ぶ確率は「等確率」でよい（理由不十分の原則）。

X箱の事前確率　　　　　Y箱の事前確率

$$P(Ax) = \frac{1}{2} \qquad P(Ay) = \frac{1}{2}$$

### ❷ 黒の碁石を引く確率は？

結果B（X箱またはY箱から黒の碁石を引く）は、原因Ax（X箱から黒の碁石を引く）と原因Ay（Y箱から黒の碁石を引く）のどちらかから生じるため、以下の式から求められる。

X箱を選び同時に黒の碁石を引く確率　　Y箱を選び同時に黒の碁石を引く確率　　X箱から黒の碁石を引く確率　　Y箱から黒の碁石を引く確率

X箱の尤度　Y箱の尤度

$$P(結果B) = P(B \cap Ax) + P(B \cap Ay) = \frac{2}{6} \times \frac{1}{2} + \frac{4}{6} \times \frac{1}{2}$$

X箱を選ぶ確率　　Y箱を選ぶ確率

### ❸ 事後確率を計算

X箱の尤度　X箱の事前確率

$$P(原因A \mid 結果B) = \frac{\dfrac{2}{6} \times \dfrac{1}{2}}{\dfrac{2}{6} \times \dfrac{1}{2} + \dfrac{4}{6} \times \dfrac{1}{2}} = \frac{1}{3}$$

事後確率

黒の碁石が得られる確率

## ▶ ベイズ更新で求める〔図3〕

新たなデータが観測されると、そのデータを取り入れて推定し直し、より正確な事後確率を求めることができる。

**例** 左ページの例から、続けて黒の碁石をもとの箱に戻して、もう1回箱から碁石を引いたら、また黒の碁石を引いた。この箱がX箱である確率は？

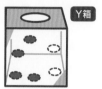

### ❶ 事前確率を決める

左ページの観測でX箱の事前確率は求められたので、情報を更新し、ここでは新しい事前確率を用いる。

X箱の事前確率

$$P(Ax) = \frac{1}{3}$$

Y箱の事前確率

$$P(Ay) = \frac{2}{3}$$

### ❷ 黒の碁石を引く確率は？

X箱から黒の碁石を引く確率 → X箱の尤度
Y箱から黒の碁石を引く確率 → Y箱の尤度

$$P(結果B) = P(B \cap Ax) + P(B \cap Ay) = \frac{2}{6} \times \frac{1}{3} + \frac{4}{6} \times \frac{2}{3}$$

X箱を選び、同時に黒の碁石を引く確率
Y箱を選び、同時に黒の碁石を引く確率
X箱を選ぶ確率
Y箱を選ぶ確率

### ❸ 事後確率を計算

X箱の尤度　X箱の事前確率

$$P(原因A \mid 結果B) = \frac{\dfrac{2}{6} \times \dfrac{1}{3}}{\dfrac{2}{6} \times \dfrac{1}{3} + \dfrac{4}{6} \times \dfrac{2}{3}} = \frac{1}{5}$$

事後確率

黒の碁石が得られる確率

# 64 [ベイズ] ベイズ統計学って ほかの統計学とどう違う?

 事前情報を活用して考えるのが ベイズ的(ベイジアン)な考え方!

ベイズ統計学は、ほかの統計学の考え方とどう違うのでしょうか? **ベイズ的(ベイジアンとも呼ぶ)な考え方**について、「平均点が100のIQテストで『150』を取ったAくんの真の知能は、150より高いか? 低いか?」という例で考えてみましょう。

テストには、運不運や受験者の体調、出題の偏りなどによるぶれがつきものですが、良心的に設計されたテストであれば、上ぶれと下ぶれとはほぼ等しく発生します。例えば、Aくんの真の知能が140相当だったのに運よく「150」と出るのと、真の知能が160相当なのに運悪く「150」と出るのとでは、蓋然性(何かが起こりうる確からしさの度合い)においてほぼ等しいと考えられます。そのため、Aくんの真の知能が150より上か下かは等分に考えられるので「約150」と考えてよい、というのが**「ベイジアンでない」考え方**です。**「非ベイジアン」**とか**「頻度論的確率論」**などということもあります。

これに対してベイジアン的な考え方では、まず最初に**「事前確率分布」**、つまり**「テストを受ける前のAくんの知能の確率分布」を想定**します。例えばAくんをよく知らなければ、Aくんの知能の確率分布は一般的な知能の分布、つまり平均の100付近が最も厚く、

それから両側へ離れるほど薄くなる山型の分布になる、と想定されるでしょう。

それを前提に、Aくんがテストを受けて「150」を取った後の**「条件付き確率」**を考えるのです。つまりAくんの真の知能が150近辺にある、という条件を加えて、確率分布を見直すのです。

ところで、事前分布の形状では、150付近で対称ではありませんでした。平均点の100に近い側、つまり149とか148とかの側が、平均点から遠い151や152の側よりも厚い非対称形でした。そこから得られる条件付き確率分布も、やはり150より下側が上側より厚くなるため、それをもとにAくんの真の知能を推測すると**「150よりやや低め」**というように考えられるのです。

これが、<u>**ベイジアン的な考え方**</u>です。

## ▶ベイジアンの考え方　事前情報を活用して、推定を行う。

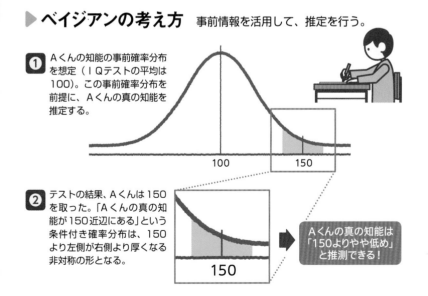

**1** Aくんの知能の事前確率分布を想定（IQテストの平均は100）。この事前確率分布を前提に、Aくんの真の知能を推定する。

**2** テストの結果、Aくんは150を取った。「Aくんの真の知能が150近辺にある」という条件付き確率分布は、150より左側が右側より厚くなる非対称の形となる。

Aくんの真の知能は「150よりやや低め」と推測できる！

# 65 [活用例] 迷惑メール振り分けに統計学が役立っている?

**なるほど！** 迷惑メールに含まれる単語を、
ベイズの定理で分析・判断している！

　電子メールで届く迷惑メール。多くのメールソフトは、迷惑メールを自動的に判定して振り分けるフィルタリング機能がついています。実はここに、**「ベイズ統計学」**（➡P190）が役立っています。

　迷惑メール判定では、新たなメールに特定の単語が含まれるとき（結果）、そのメールが迷惑メールである確率（原因）を求めます。その確率分布の事前予想を立てて、ベイズの定理に従って事後確率を更新していき、迷惑メールかどうかを判定しているのです。その**判定には、過去に受信した電子メールのデータが使われています**。

　まず、受信したメールを通常・迷惑メールに分類・分析し、迷惑メールで用いられる「特徴ある単語」の出現確率を求め、データベース情報として蓄積。そして**新たにメールを受信したとき、そのメールに含まれる「特徴ある単語」をチェック**します。蓄積された情報をもとに、各単語について「○○という単語を含むメールが迷惑メールである確率」をベイズの定理から計算。この確率が大きければ、迷惑メールと判断・分類するという流れです〔**右図**〕。

　メールを受信するたびに、この判断・分類は繰り返されるため、フィルタリングの精度はどんどん向上します。つまり、使えば使うほど「学習」し、間違いが少なくなっていくしくみなのです。

# 迷惑メールを学習し、精度は高まる

## ▶ 迷惑メール判定のしくみ

**メール内の単語を調べる**

メールに含まれる、迷惑メールによく用いられる「特徴ある単語」を検索。過去のデータをもとに、迷惑メールによく含まれる単語かどうかチェックする。

迷惑メールに含まれる確率 0.6

迷惑メールに含まれる確率 0.6

迷惑メールに含まれる確率 0.7

迷惑メールに含まれる確率 0.3

○○○○様

いつもお世話になっております。早速ですが、あなたは出会いを求めてはいませんか？いますぐに下記のＵＲＬから応募すれば、出会いとともに。お得なプレゼントがもらえます。応募は無料です。どんどん経済を回していきましょう！ご検討のほどよろしくお願い申し上げます。

通常メールに含まれる確率 0.4

通常メールに含まれる確率 0.4

通常メールに含まれる確率 0.3

通常メールに含まれる確率 0.7

| 検出語 | 迷惑メール | 通常メール |
|--------|-----------|-----------|
| 出会い | 0.6 | 0.4 |
| プレゼント | 0.6 | 0.4 |
| 無料 | 0.7 | 0.3 |
| 経済 | 0.3 | 0.7 |

分類したメールの情報は新たな迷惑メールの判別時に利用

**受信メール内のメールの割合**
迷惑メール 70%：通常メール 30%

**事前確率**
受信メール内の「迷惑」と「通常」の割合は7:3と設定

**原因**
上記単語を含むメールが「迷惑メール」の確率

**ベイズの定理**（➡P190）
から原因を計算する

迷惑メールと判断

0.84 ＞ 0.16

**原因**
上記単語を含むメールが「通常メール」の確率

197    もっと知りたい！ 統計学のあれこれ **3章**

# Q 当たり3%の「ガチャ」。100回まわして当たる確率は？

| 約60% | or | 約95% | or | 100% |

最近のゲームで、欲しいアイテムを「ガチャ」と呼ばれるくじ引きで獲得する際、そのアイテムを入手できる確率が示されていることがあります。では「入手確率3%のアイテム」を獲得するには、ガチャを100回まわせば確実に獲得できるのでしょうか？

統計では、確率論に基づいて、ある事象の起こりやすさを検討できます。ゲーム上の**「ガチャ」の当たる見込み**を考えてみましょう。実は、この「ガチャ」は、現実世界で行われるくじ引きと異なります。普通のくじ引きとは、例えば箱の中に100枚の紙が入っていて、その中に「当たり」があるものを指します。箱の中のくじは引けば

## ○ゲームのガチャが当たる確率

当たる確率は
徐々に上がっていく

| 回数別当たる確率 | |
|---|---|
| 1 | 3.0000% |
| 2 | 5.9100% |
| 3 | 8.7327% |
| 4 | 11.4707% |
| 50 | 78.1935% |
| 51 | 78.8477% |
| 52 | 79.4822% |
| 53 | 80.0978% |
| 97 | 94.7898% |
| 98 | 94.9461% |
| 99 | 95.0977% |
| 100 | 95.2447% |

**入手確率3%のガチャを2回まわした場合**

$$1 - \left(\frac{97}{100}\right)^2 = 5.91 \ (\%)$$

**入手確率3%のガチャを100回まわした場合**

$$1 - \left(\frac{97}{100}\right)^{100} = 95.24 \ (\%)$$

全体の確率 ・ 100回連続で外れる確率 ・ 少なくとも1回当たる確率

押す

引くほど数が減って、当たる確率が増えます。くじ100枚中当た
り3枚なら、いずれは必ず当たります。

一方、ゲーム上の「ガチャ」の場合は、**何回まわしてもくじの総
数は減らず、表示の入手確率通りに賞品が出現するしくみ**です。一
見、入手確率1%なら普通のくじ引きと同じく100回まわせば入
手確実と思ってしまいますが、**100回まわしても外れる可能性が
残る**のです。

実際に確率を求めてみましょう。このようなしくみのガチャの場
合、外れる確率に注目して計算していきます。

当たる確率が $\frac{3}{100}$（3%）なら、外れる確率は $\frac{97}{100}$（97%）です。
1回目の当たる確率は3%。2回連続でまわす場合の計算は、まず
2回連続外れる確率を計算し（$\frac{97}{100} \times \frac{97}{100}$）、「全体の確率」である「1」
から引いた5.91%が「少なくとも1回当たる確率」となります。
このように計算していくと、「100回連続まわして少なくとも1回
当たる確率」は約95%と計算できるのです。

# グラフ次第で見る人を誤解させることがある?

**なるほど!** グラフの見た目を操作するだけで、都合のよい印象を与えるグラフになる!

　グラフは、受け手側にひと目でデータを把握させる便利なもの。しかし、見やすいグラフには気をつける必要もあります。

　**グラフは、見た目の印象がデータの把握に大きな影響を及ぼします**。データ自体に不正はなくとも、ちょっとしたグラフのつくり方の工夫で、誤解を誘導することもできるのです。代表的な4つの例を見てみましょう。

　1つ目は、**円グラフの中心点をずらしたもの**〔**右図 1**〕。円グラフは割合を面積で表すため、中心点をずらすと、項目の面積の大きさが変わり、値よりそちらの印象が大きくなってしまいます。

　2つ目は、**絵グラフのアイコンをそのまま拡大したもの**〔**右図 2**〕。例えば、BのデータがAの3倍のとき、Bの絵の大きさもAの3倍にしてしまうと、面積としては9倍になってしまうのです。

　3つ目は、**折れ線グラフのタテ軸の幅をばらつかせたもの**〔**右図 3**〕。幅の広い数値の部分が大きく見えてしまいます。さらに右上がりの矢印のような、不必要な演出を入れたグラフにも要注意です。

　4つ目は、**棒グラフのタテ軸の上部のみを切り取り、目盛り幅を変えたもの**〔**右図 4**〕。全体で見ると変化の小さいグラフが、変化の大きなグラフに見えてしまいます。

# 不正確なグラフに要注意!

## ▶ グラフのどこが不正確?

左は正しいグラフで、右は誤解を与えるグラフ。

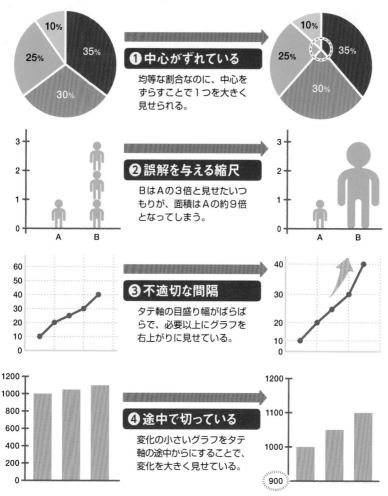

**❶ 中心がずれている**

均等な割合なのに、中心をずらすことで1つを大きく見せられる。

**❷ 誤解を与える縮尺**

BはAの3倍と見せたいつもりが、面積はAの約9倍となってしまう。

**❸ 不適切な間隔**

タテ軸の目盛り幅がばらばらで、必要以上にグラフを右上がりに見せている。

**❹ 途中で切っている**

変化の小さいグラフをタテ軸の途中からにすることで、変化を大きく見せている。

もっと知りたい! 統計学のあれこれ **3章**

# 67 統計データと現実のずれは どうして起こるの?

[リテラシー]

　一見公正そうな統計データにも、現実とずれが生じる場合があります。ここでは、2つの例を見てみましょう。

　1例目。ある意識調査で、ギャンブルに関して、「賭博罪は廃止すべきである」「賭博罪はやむを得ない」のどちらの意見に賛成か聞いたところ、前者が約10%、後者が約80%となったとします。

　実はこのようなアンケート調査では、**強い響きの選択肢は人気を集めない**という傾向があります。この質問では「わからない・一概に言えない」という意見をもつ人が強い選択肢を避け、どっちつか

## ▶ 質問項目で結果は変わる?〔図1〕

選択肢に強弱があると、異なった結論を導くことになりかねない。

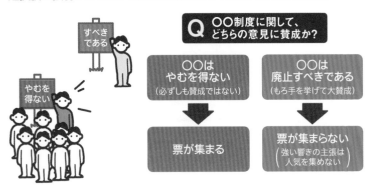

Q ○○制度に関して、どちらの意見に賛成か?

| ○○は やむを得ない (必ずしも賛成ではない) | ○○は 廃止すべきである (もろ手を挙げて大賛成) |
|---|---|
| ↓ | ↓ |
| 票が集まる | 票が集まらない (強い響きの主張は人気を集めない) |

ずの弱い選択肢に流れる可能性があります。質問項目を変えれば、また違った結果が出るでしょう〔図1〕。**「聞き方によって調査結果が変わる」ことを心理学用語で「フレーミング効果」といいます。**

　2例目。2016年、イギリスのEU離脱の国民投票の際、多くの世論調査ではEU残留派が勝つと予想されていました。しかし結果は、票数の約51.7%がEU離脱を選択しました。この結果のずれは、**何らかの偏った標本（回答者）を抽出した**ために生じたものです。

　内閣支持率などの世論調査では、より強い意見をもった人が、より積極的に回答する傾向があります。しかし、無関心な人々は熱心に調査には参加しません。調査から、無関心な層が標本からもれてしまった可能性があるのです〔図2〕。

　このように、**調査の回答者が母集団を正しく代表できていない場合の偏りを「選択バイアス」**と呼びます。統計では、調査の回答者から、一部の集団がもれていないかを、十分に確認することも重要なのです。

## ▶ 標本の偏りに注意〔図2〕

実際の標本調査では、どうしても回答者が偏り、結果に影響する。

世論調査 EU離脱に賛成か反対か？

否　賛

無関心

無関心層がもれて「選択バイアス」がかかり、標本に偏りが生じた！

国民投票 EU離脱に賛成か反対か？

賛成 52%

反対 48%

もっと知りたい！ 統計学のあれこれ　**3章**

# Q 40人クラスで 同じ誕生日の人がいる確率は?

| 約10% | or | 約30% | or | 約90% |

新年度となり、新しいクラスとなりました。クラスの人数は40人。自己紹介を行ったところ、同じ誕生日の人が2人いて、クラス全員が驚きました。実際のところ、40人の中で同じ誕生日の人がいる確率はいくつでしょうか? なお1年は365日とします。

静かに…

この中に2人
同じ誕生日の
者がいる…

ざわ…

ざわ…

　統計では、確率論に基づき、ある事象の起こりやすさを推定できますが、直感で間違えることも多々あります。この問題、「誕生日が同じ人が少なくとも2人いる」確率は**「全体の確率＝1」**から**「同じ誕生日の人が誰もいない確率」**を引くことで求められます。

　「同じ誕生日の人が誰もいない確率」は、次のやり方で求めます。

## 40人中、同じ誕生日の人がいる確率 〔図1〕

$$1 - \frac{364}{365} \times \frac{363}{365} \times \frac{362}{365} \times \cdots \times \frac{326}{365} = 0.891 \,(89.1\%)$$

全体の確率は1（100%） ／ 同じ誕生日ではない確率（2人目） ／ 3人目 ／ 4人目 ／ 40人目

生徒AとBがいるとして、Bの誕生日がAと異なるパターンは364通りあるので、AとBの誕生日が異なる確率は$\frac{364}{365}$。続いて、Cの誕生日がAとBと異なるパターンは363通りあるので、3人の誕生日が異なる確率は$\frac{363}{365}$…と、このように**「それぞれ誕生日が異なる確率」を、40人分掛け合わせる**のです。

　計算の結果、40人クラスで同じ誕生日の人がいる確率は、約89%となります。かなり高い確率になりますね〔図1〕。

　この問題は、ある特定の人物と残り39人の中の1人とが、同じ誕生日になる確率ではありません。ある特定の人と同じ誕生日の人がいる確率は別の式で求められ、その確率は約10%です〔図2〕。

　同じ誕生日の人が少なくとも1組いるためには、1年365日の半分の183人必要に思えますが、この直感に反してこの確率は大きいのです。ここからこの問題は**「誕生日のパラドックス」**とも呼ばれます。

## 40人中、Aさんと同じ誕生日の人がいる確率 〔図2〕

Aさん以外のクラスの人数

$$1 - \left( \frac{364}{365} \right)^{39} = 0.1015 \,(10.1\%)$$

全体の確率は1（100%） ／ Aさんと同じ誕生日ではない確率

もっと知りたい！ 統計学のあれこれ **3章**

# 68 [リテラシー] 統計は思い込みに影響されるもの?

**なるほど!** 統計データを見るときは、「先入観」と「他要因の競合」に注意が必要!

**ある条件下での統計データが、世の中の真実とは限らない場合**もあります。ここでは、2つの例を見てみましょう。

1つ目。2015年に「5年前に比べて、少年による重大な事件が増えていると思うか」という世論調査がありました。この問いに「増えている」と答えた回答者の割合は78.6%となり、前回調査（2010年）の75.6%を上回りました。

しかし、実際のところ、少年犯罪はここ最近のピークである2003年からずっと減少傾向で、戦後最少を更新し続けています。このような結果になった原因は「思い込み」によります。確かに過

## ▶ 少年犯罪は増えている? 〔図1〕

実際は減少なのに、増加しているとの思い込みが調査に影響している。

**Q 少年犯罪は増えていると思う?**

- 減 2.6%
- 変わらず 16.8%
- 増 78.6%

思い込みで実際が反映されない

**実際の刑法犯少年の数**

14万4403人

2万6797人

刑法犯少年数

2003年　2017年

去には少年犯罪が多かった時代がありました。一方で、「少年犯罪減少」より「少年犯罪発生」の方がニュースで報道されやすく、人々の耳目に残りやすいという報道の側面があります。そのため、「少年犯罪がたくさん起こっている」との**先入観**を抱く人がいまだ多く、世論調査の結果が導かれたと推察できます〔**図1**〕。

2つ目の事例。アメリカで、左利きには早世者が多く、平均寿命は右利き75歳に対して、左利きは66歳と、実に9年も損をしているというレポートが発表されました。実はこの調査、調査者が知りたい要因とは異なる**「他の要因」**が混ざったために出た数値といえます（他要因の競合）。他の要因とは、**昔は左利きが右利きに矯正されたという歴史背景による影響**。そのため、調査では、上の世代には左利きが極端に少なく、下の世代ほど左利きの数は多く現れます。つまり、左利きの人は若い人ですから、左利きの死亡例が出れば、左利きの平均寿命を押し下げるのは当然なのです〔**図2**〕。

このように調査の裏に隠れた事情を考えることも、統計では大事なのです。

## ▶ **左利きの方が寿命が短い?**〔**図2**〕

他の要因を排除しなかったため、左利きの方が寿命が短いという結果が出た可能性がある。

昔は左利きを右利きに矯正する習慣があった

右

高齢者層　若者層

左利き

左利きの高齢者が少ないため、左利きの平均寿命が低いのは当然!

# 69 統計データに だまされないためには?

[リテラシー]

批判的な目をもつこと、発信者の意図を読む…
など、**5つのポイント**を押さえよう!

200～207ページで見たように、統計データは現実と必ずしも一致するわけではありません。そのため、統計データを見るときには、5つのポイント〔**右図**〕を意識するようにしましょう。

**「批判的に読む」**…本や統計に書かれていることは事実で、信じてよいと思いがちです。統計にだまされないためにも、記事をうのみにせず、よく検討しながら読むことが大事です。

**「弁証法で考える」**…弁証法とは、対立する意見から物事を把握する方法。例えば「左利きは短命」という記事に対して否定した仮説、例えば「右利きこそ短命」と数字上から導けないか…など、思考を巡らせることも大事です。

**「常識を働かせる」**…例えば「左利きは短命」という記事は、これまでの「常識に反する」という内容ですよね。自分の常識を裏切る統計は、慎重に、客観的に読むことが大事です。

**「発信者側に立つ」**…統計記事の発信者は、何を意図しているのかを想像することも、リテラシー磨きに役立ちます。

**「5W1Hを考える」**…統計データにおいても、誰が、何をした統計で、どこから出ているデータなのか…など、「5W1H」を考えることが、真実を見極めるために役立ちます。

# 統計を見るときは常識を働かせる

## ▶ 統計データを読むときの5つのポイント

5つのポイントを意識して、記事を「批判的に読む」ことが大事。

### ❶ 批判的に読む

統計記事をそのまま鵜呑みにしない！

### ❷ 弁証法で考える

これは事実ではないと仮定し思考を巡らせる。

### ❸ 常識を働かせる

常識に反してる！という判断を大事に。

### ❹ 発信者側に立つ

発信者が何を目的としているかを考える。

### ❺ 5W1Hを考える

| When いつ | Where どこで | Who 誰が |
|---|---|---|
| What なにを | Why なぜ | How どのように |

Who ……誰がつくった統計か

What ……何を分析した統計か

Where ……統計データの出所はどこか

When ……いつどういう文脈で発表された統計か

Why ……どういう目的のための統計か

How ……分析は統計的に適切か

# 「統計学」の起源は？
# 統計学の歴史

**「統計学」**とは、いつできた言葉なのでしょうか？

「統計学」は18世紀に新しくつくられた言葉で、英語ではstatistics、ドイツ語ではStatistikと表記されます。スタチスチックという言葉は18世紀のドイツの政治学者アッヘンヴァルによって名付けられました。アッヘンヴァルは、諸国の国力を観察して記述する学問「国状学」の第一人者で、著書の中で**国状学の別名として「Statistik」という言葉を用いた**ことが始まりといわれます。

Statistikという言葉が「国状学」という意味で始まったとすると、現在の「統計学」とはイメージがだいぶ異なりますね。では、現在

※『なぜ「Statistics」は「統計」なのか？ー「統計」の訳字が定着するまでの経緯と森鷗外』（総務省統

のようなイメージの「統計学」に、いつ、どのように変わっていったのでしょうか？

ヨーロッパには、国状学とは別に**「政治算術」**という学問が存在しました。政治算術とは、データで国家や社会を把握する学問です。「国の実態をとらえる」という目的の似通った国状学と政治算術がやがて合流し、Statistikの名前を残しつつ、現在の統計学の基礎となったのです。

**杉の創作した漢字**

尠智夥

スタチスチックの訳語のため、
杉亨二が創作した漢字。

一方、日本ではどんな理由から「統計」と訳されたのでしょうか？**「統計」という言葉は、幕末・明治になって新たにつくられた言葉**です。そう訳したのは開成所（洋学研究教育機関）の教授・柳河春三。当時、スタチスチックは中国語で**「国紀（国記）」**、**「統紀（統記）」**と訳されており、そこから造語したのではないかと考えられています。柳河は「この訳語は不完全と考えるが、とりあえず仮にこうしておく」との注記も残したようです。

当初スタチスチックには、「政表」「国勢」などの多くの訳語が当てられました。日本に統計を広めた杉亨二は、無理に訳さず**「寸多知寸知久（スタチスチク）」**として、さらに自ら漢字まで創作しました〔**上図**〕。「スタチスチック＝統計」という訳語が妥当かどうか、論争まで起こったのです。

しかし、明治4（1871）年には「統計司」という政府機関の名前に用いられ、結局「統計」という訳語が定着、現代に至るのです。

計局）（https://www.stat.go.jp/info/today/136.html）を参考に作成。

意外と古い

# 統計学の おもな歴史

統計と確率はどのように生まれ、社会で活用されるようになったのか、おもな発見の歴史を紹介します。

---

**紀元前3050頃** **人口調査**（エジプト文明）
ピラミッド建設のため、人口調査が行われたとされる。

**紀元前86頃** **人口調査**（日本）
日本書紀に「調（生産物など現物を納める税）を科すために、人口調査が行われた」と記されている。

**紀元前1頃** ローマ帝国で**国勢調査**を実施
初代皇帝アウグストゥスは、兵役該当者や徴税の状況を把握するための人口調査を行った。

**1560年代** カルダーノ、**確率論**を唱える
イタリアの数学者、医者のカルダーノは、著書『サイコロ遊びについて』の中で、系統的に確率論に触れている。

**1654** **パスカルとフェルマー**の手紙の交換（➡P156）
フランスの哲学者パスカルとフランスの数学者フェルマーは、サイコロ問題を論じる中から、確率論の基礎を確立。

**1662** グラント、**死亡率**を分析
イギリスの商人グラントは、教会の死亡記録から死亡率を分析。人口動態に現れる規則性を発見した。

**1689** ベルヌーイ、**大数の法則**を提示（➡P114）
スイスの数学者ベルヌーイが確率論の研究の中で発見。

---

**1690** ペティ、『**政治算術**』を発表
イギリスの経済学者ペティは、統計を用いてイギリスの人口・経済の実態を「国力」という形で測定。将来人口などの予測を行った。

**1693** ハレー、**生命表**を考案
イギリスの天文学者ハレーは、ドイツのブレスラウの住民の出生・死亡の統計をもとに生命表を作成。生命表を用いた生命保険料の計算方法を考案した。

**1713** ベルヌーイ、**二項分布**を分析

**1721** 徳川吉宗、**全国人口を調査**

**1730頃** **ド・モアブル、正規分布**を発見
正規分布を発案したのはフランスの数学者ド・モアブルといわれている。

**1763** ベイズ、**ベイズの定理**を発表（➡P190）
イギリスの牧師、数学者ベイズが論文の中で発表。

**1786** プレイフェア、**棒グラフ**、**折れ線グラフ**などを考案
イギリスの数学者プレイフェアはこのほかに円グラフも考案。

**1790** **アメリカで初の国勢調査**を実施

**1798** マルサス、『**人口論**』を発表
イギリスの数学者マルサスの著書で、人口増加による社会的影響を記した。

**1801** **イギリスで初の国勢調査**を実施

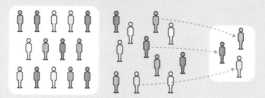

**1809** ガウス、**正規分布の理論**を確立
ドイツの数学者、天文学者ガウスは、天体観測の観測誤差が、正規分布に従うという理論を確立。

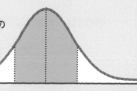

**1812** ラプラス、『**確率の解析的理論**』を発表
フランスの数学者、天文学者ラプラスがここまでの確率論を統合、古典確率論をまとめた。

**1835** ケトレー、「**平均人**」の概念を発表
ベルギーの統計学者、天文学者ケトレーは著書『人間について』の中で、人間やその生活などを観察し、観測値の平均値から典型的な人間像を導き出した。

**1838** ポアソン、**ポアソン分布**を発表（➡P174）
フランスの数学者ポアソンが、確率論の研究の中で導き出した。

**1853** **第1回国際統計会議**を開催
各国の統計を比較可能にするため、度量衡の統一や統計委員会の設置を各国政府に勧告した。

**1854** スノウ、**コレラの感染源**を突き止める（➡P46）
イギリスの医師スノウ、コレラ禍のブロードストリートで感染源を突き止める。

**1858** ナイチンゲール、**鶏のとさかグラフ**を考案（➡P164）

**1860** 『**万国政表**』を翻訳・刊行
福沢諭吉などが、西洋の統計書『万国政表』を翻訳・刊行。

**1869** ゴルトン、**相関の概念**を生み出す
イギリスの遺伝学者ゴルトンは、著書の中で、平均への回帰や相関の概念を導入。

**1871** **政表課**を設置（日本）
明治政府の官庁として設置。現在の総務省統計局の前身に。

**1872** **戸籍調査**を実施（日本）
明治政府が行った全国的な人口調査。

**1885** **国際統計協会**設立

**1889** **日本初の生命表**を作成
東京帝国大学の藤澤教授が作成。生命保険会社で使用された。

**1895〜** ピアソン、**ヒストグラム**などを考案

イギリスの統計学者ピアソンはヒストグラムのほか、相関係数なども考案した。

**1902** **第1回生命表**を作成（日本）

内閣統計局の依頼を受けて、実業家の矢野恒太が作成。日本初の公式の完全生命表で国の基幹統計として使われた。

**1920** 日本で**第1回国勢調査**を実施

**1925** フィッシャー、**推測統計の理論**を発表

イギリスの統計学者フィッシャーは著書『研究者のための統計的方法』の中で推測統計の理論を定式化した。

**1933** ネイマンとピアソン、**仮説検定の手順**を整理

ポーランドの統計学者ネイマンとイギリスの統計学者ピアソンは共同で仮説検定による推定法を研究した。

**1935** フィッシャー、**『実験計画法』**を発表

統計学の手法を用いて、効率的に実験方法の計画と分析を行う研究、実験計画法を考案した。

**1936** ジニ、**ジニ係数**を考案（➡ P28）

イタリアの統計学者ジニが、ローレンツ曲線をもとに所得の不平等を表すために考案。

**1947** **統計法**を制定（日本）

公的統計の作成や提供に関する法律。

**1948** **ランダム化比較試験の臨床試験**を報告（➡ P180）

**1977** テューキー、**箱ひげ図**を提唱

アメリカの数学者、統計学者テューキーの著書に登場。

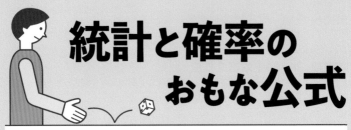

# 統計と確率の おもな公式

統計で扱うおもな公式や定理を紹介します。

## 平均の公式 〔→ P98〜99〕

$x$ = 変量
$w$ = 重み
$n$ = データ値の個数

### 加重平均の公式
各項目に重みを加えてから、平均値を割り出す方法。

$$\text{平均値} = \frac{x_1 w_1 + \cdots + x_n w_n}{w_1 + w_2 + \cdots + w_n}$$

### 算術平均の公式
すべての値の合計をデータ値の個数で割り算して求めたもの。

$$\text{平均値} = \frac{x_1 + x_2 + \cdots + x_n}{n}$$

### 幾何平均の公式
変化率の平均を計算するときに用いる。

$$\text{平均値} = \sqrt[n]{x_1 \times x_2 \times \cdots \times x_n}$$

### 調和平均の公式
単位当たりの量の平均を求めるときに用いる。

$$\text{平均値} = \frac{n}{\dfrac{1}{x_1} + \dfrac{1}{x_2} + \cdots + \dfrac{1}{x_n}}$$

## 分散と標準偏差の求め方 [→ P103]

分散と標準偏差はデータがどれくらい散らばっているのかを数値化したもの。

| | |
|---|---|
| 偏差 | = データ値 − 平均値 |
| 偏差平方和 | = (偏差1)$^2$ + (偏差2)$^2$ + … |
| 分散 | = 偏差平方和 ÷ データ値の個数 |
| 標準偏差 | = $\sqrt{\text{分散}}$ |

## 標準化変量と偏差値の求め方 [→ P105]

$x$ = 変量
$\bar{x}$ = 平均値
$\sigma$ = 標準偏差

標準化変量は複数のデータを比べやすいよう、平均値と標準偏差をそろえること。
偏差値はその応用。

**標準化変量**

$$= \frac{x - \bar{x}}{\sigma}$$

**偏差値**

$$= 50 + 10 \times \frac{x - \bar{x}}{\sigma}$$

## 中心極限定理 [→ P117]

母集団の分布の形にかかわらず、標本が十分に大きければ、標本平均の分布は正規分布に近づくという定理。

平均 $\mu$、分散 $\sigma^2$、標準偏差 $\sigma$ の母集団から、

標本サイズ $n$ の標本を抽出した場合、

$n$ が大きくなるにつれて、母集団の形に関係なく、標本分布は、

平均 $\mu$、分散 $\dfrac{\sigma^2}{n}$ 、標準偏差 $\dfrac{\sigma}{\sqrt{n}}$ の正規分布に近づいていく。

## 確率の求め方 〔➡ P141〜143〕

### 確率の求め方 〔➡ P141〕
ある事象が起こる場合の数を、全事象の起こりうる場合の数で割ることで求められる。

$$P(A) \ = \ \frac{\text{Aが起こる場合の数（事象A）}}{\text{起こりうるすべての場合の数（全事象U）}}$$

### 余事象の確率の求め方 〔➡ P141〕
余事象とは、ある事象が起きない確率。全事象からある事象が起こる確率を引いて求める。

$$P(\bar{A}) \ = \ 1 \ - \ P(A)$$

### 加法定理 〔➡ P142〕
事象Aまたは事象Bが起こる確率の求め方。

（事象A、Bが排反でない場合）
$$P(A \cup B) \ = \ P(A) \ + \ P(B) \ - \ P(A \cap B)$$

（事象A、Bが排反の場合）
$$P(A \cup B) \ = \ P(A) \ + \ P(B)$$

### 乗法定理 〔➡ P142〕
事象Aが起こり、続いて事象Bが起こる確率の求め方。

（事象A、Bが独立でない場合）
$$P(A \cap B) \ = \ P(A) \ \times \ P(B \mid A)$$

（事象A、Bが独立の場合）
$$P(A \cap B) \ = \ P(A) \ \times \ P(B)$$

### 条件付き確率 〔➡ P143〕
ある事象Aが起きるという条件のもとで、別の事象Bが起こる確率。

$$P(B \mid A) \ = \ \frac{P(A \cap B)}{P(A)}$$

## 場合の数の求め方 [→ P132〜133]

### 和の法則の公式

m通りの事象とn通りの事象の
少なくとも1つが起きる確率

$$= \quad m + n \text{ 通り}$$

### 積の法則の公式

p通りの事象とq通りの事象が
ともに起きる確率

$$= \quad p \times q \text{ 通り}$$

### 順列の公式

異なるn個の中から、順番にr個を選び、それらを並べる順列は、全部で nPr通りと求められる。

$$_n\mathrm{P}_r \quad = \quad \frac{n!}{(n-r)!}$$

### 組み合わせの公式

異なるn個の中から、r個を選ぶ組み合わせは、全部で nCr通りと求められる。

$$_n\mathrm{C}_r \quad = \quad \frac{n!}{r!\,(n-r)!}$$

## 共分散、相関係数の求め方 [→ P151]

$x$と$y$ = 変量
$\bar{x}$と$\bar{y}$ = 平均値
$n$ = 観測値の個数

共分散と相関係数は、2つの変数の相関関係を示す数値である。

**共分散**

$$= \frac{(x_1-\bar{x})(y_1-\bar{y}) + (x_2-\bar{x})(y_2-\bar{y}) + \cdots + (x_n-\bar{x})(y_n-\bar{y})}{n}$$

$$\text{相関係数} \quad = \quad \frac{\text{共分散}}{x \text{の標準偏差} \times y \text{の標準偏差}}$$

# さくいん

# 参考文献

佐々木彈『算数からはじめて 一生使える確率・統計』（河出書房新社）

佐々木彈『統計は暴走する』（中央公論新社）

涌井良幸、涌井貞美『統計学の図鑑』（技術評論社）

熊原啓作、渡辺美智子『身近な統計 改訂版』（放送大学教育振興会）

栗原伸一、丸山敦史『統計学図鑑』（オーム社）

『Newton別冊 統計と確率 改訂版』（ニュートンプレス）

『Newton別冊 ゼロからわかる統計と確率』（ニュートンプレス）

ハンス・ロスリング、アンナ・ロスリング・ロンランド『FACTFULNESS』（日経BP）

渡辺美智子監修『今日から役立つ統計学の教科書』（ナツメ社）

西内啓『統計学が最強の学問である』（ダイヤモンド社）

浅野晃『社会人１年生のための統計学教科書』（SBクリエイティブ）

大上丈彦『マンガでわかる統計学』（SBクリエイティブ）

本丸諒『世界一カンタンで実戦的な 文系のための統計学の教科書』（ソシム）

涌井良幸、涌井貞美『図解 使える統計学』（KADOKAWA／中経出版）

上野充、山口宗彦『図解・台風の科学』（講談社）

ダレル・ハフ『統計でウソをつく法 ― 数式を使わない統計学入門』（講談社）

Prakash Gorroochurn『確率は迷う 道標となった古典的な33の問題』（共立出版）

ジェフリー・S・ローゼンタール『それはあくまで偶然です 運と迷信の統計学』（早川書房）

総務省統計局「なるほど統計学園」
https://www.stat.go.jp/naruhodo/

「政府統計の総合窓口」
https://www.e-stat.go.jp

**監修者 佐々木彈** (ささき だん)

東京大学社会科学研究所教授。プリンストン大学にて博士（経済学）修了後、コペンハーゲン大学、メルボルン大学、エクセター大学を経て、東京大学社会科学研究所、2009年より現職。研究職向けの統計学講義を毎年行なっている。おもな著書に『算数からはじめて ―生使える確率・統計』（河出書房新書）、『統計は暴走する』（中央公論新社）などがある。

| 執筆協力 | 入澤宣幸 |
|---|---|
| イラスト | 桔川 伸、堀口順一朗、北嶋京輔、栗生ゑゐこ |
| デザイン・DTP | 佐々木容子（カラノキデザイン制作室） |
| 校閲 | ぷれす、西進社 |
| 編集協力 | 堀内直哉 |

**イラスト&図解 知識ゼロでも楽しく読める！**
**統計学のしくみ**

2021年7月15日発行　第1版

| 監修者 | 佐々木彈 |
|---|---|
| 発行者 | 若松和紀 |
| 発行所 | 株式会社 西東社 |
| | 〒113-0034　東京都文京区湯島2-3-13 |
| | https://www.seitosha.co.jp/ |
| | 電話　03-5800-3120（代） |

※本書に記載のない内容のご質問や著者等の連絡先につきましては、お答えできかねます。

ISBN 978-4-7916-2999-2